财务管理学术前沿丛书
ACADEMIC FRONTIERS OF FINANCIAL MANAGEMENT

科技投入绩效评价

——基于我国西部地区的研究

赵立雨　张　丹○著

RESEARCH ON
PERFORMANCE EVALUATION OF
SCIENCE AND TECHNOLOGY INVESTMENT IN
WESTERN CHINA

经济管理出版社
ECONOMY & MANAGEMENT PUBLISHING HOUSE

图书在版编目（CIP）数据

科技投入绩效评价：基于我国西部地区的研究／赵立雨，张丹著. —北京：经济管理出版社，2020. 6

ISBN 978-7-5096-7190-0

Ⅰ. ①科…　Ⅱ. ①赵…　②张　Ⅲ. ①科学研究事业—财政支出—评价—研究—中国

Ⅳ. ①F812. 45

中国版本图书馆 CIP 数据核字（2020）第 098879 号

组稿编辑：王光艳

责任编辑：魏晨红

责任印制：黄章平

责任校对：董杉珊

出版发行：经济管理出版社

（北京市海淀区北蜂窝 8 号中雅大厦 A 座 11 层　100038）

网　　　址：www. E-mp. com. cn

电　　　话：（010）51915602

印　　　刷：北京晨旭印刷厂

经　　　销：新华书店

开　　　本：720mm×1000mm /16

印　　　张：11. 5

字　　　数：213 千字

版　　　次：2020 年 8 月第 1 版　　2020 年 8 月第 1 次印刷

书　　　号：ISBN 978-7-5096-7190-0

定　　　价：68. 00 元

前　言

在知识经济时代，科技是推动经济发展的中坚力量，越来越受到各国的重视，科技全面发展战略也逐渐成为各国的核心竞争力，推动了整个社会的发展。然而，在进行科技活动的过程中，科技资源的数量和配置效率决定了科技发展的速度，对一个国家的人民生活和经济发展都有较大的影响。西部地区作为区域科技创新的主要系统之一，其科技投入绩效受到了全社会的关注，因此，对西部地区科技投入绩效进行评价是非常值得研究的问题。

本书首先分析西部地区的科技投入现状及存在问题，进而探明科技投入存在问题的原因。在科研经费投入方面，存在投入强度"马太效应"、投入结构不合理、经费投入所带来的产出较低等问题；在科技人力资本方面，存在人力资本投入不足、科研人员的科技创新能力较弱、科研人员分布不均衡等问题；在科技投入绩效评价方面，主要体现在绩效评价指标不合理、绩效评价结果的运用反馈不够、绩效评价指标体系不完善三个方面。究其原因，针对科研经费的管理，缺乏可靠的经费预算、科研经费使用监管不到位、经费报销程序复杂滞后；对于人力资本方面的原因是缺乏有效的人力资本补偿、人力资本激励过于刚性、人力资本内部存在歧视；在政策方面主要包括科研政策不完善和科研制度缺乏针对性两方面原因。其次通过科技投入绩效评价指标的构建，对各指标进行灰色关联度分析并进行实证研究；然后，通过建立超效率 DEA 模型从科技投入的总过程和分过程两个维度进行科技投入产出效率的测算，并将东部、中部地区与西部地区进行比较分析，再利用泰尔指数对西部地区与东部、中部地区效率差异进行度量和分析，建立 Tobit 面板数据回归模型对西部地区科技投入绩效的影响因素进行实证分析。最后在调整科技投入结构、改善科研经费管理、加强科研人员管理、优化科研政策制度及评价体系四大方面提出针对性的政策建议。

研究结果表明：①对西部地区投入产出综合效率进行分析可知，效率值高于第一阶段和第二阶段的投入产出效率；②西部地区投入产出综合效率小于东部、中部地区投入产出综合效率；③科技投入产出效率区域内差异大于区域间差异，西部地区>东部地区>中部地区；④西部地区科技投入绩效受到技术进步、投入结构、市场化程度的影响，人力资本质量对科技投入绩效影响不显著。

目　录

1

绪 论

1.1 研究背景与意义

1.1.1 研究背景

在知识经济时代，科技是推动经济发展的中坚力量，越来越受到各国的重视，科技全面发展战略也逐渐成为各国的核心竞争力，推动了整个社会的发展。然而，在进行科技活动的过程中，科技资源的数量和配置效率决定了科技发展的速度，对一个国家的人民生活和经济发展都有较大的影响。随着党的十九大召开，建设创新型国家仍然是我国经济发展的首要目标，因此，我们必须瞄准世界科技前沿、强化基础研究、实现应用研究、引领性原创成果的重大突破。在经济新常态下，面对速度换挡、增长动力转换以及经济结构调整等多方面的挑战，积极响应中共提出的"创新、协调、绿色、开放、共享"的发展理念。创新是一个国家发展的灵魂，是国家的核心竞争力，创新水平的高低直接决定一个国家的发展速度与发展质量，为了保证科技的稳步发展，提高创新能力不容忽视，区域作为科技创新的主要系统之一，区位特点及其创新能力分布都呈现出不同程度的差异，因此探索区域的科技创新也是我们关注的一个重要研究方向。

据中国统计网的数据分析可知，2016 年我国研发经费投入总量为157000000 万元，研发人员全时当量为 3878100 人/年。研究与试验发展（R&D）经费投入比 2015 年增加了 15069000 万元，增长 10.6%，增速较2015 年提高了 1.7 个百分点，研发人员全时当量较 2015 年增长了 3.17%；研究与试验发展（R&D）经费投入强度（经费投入与国内生产总值之比）为2.11%，比 2015 年提高了 0.05 个百分点。按研究与试验发展（R&D）人员

（全时工作量）计算的人均经费为40.4万元，比2015年增加了2.7万元。

目前，我国科研经费的投入量有了明显的提高，处于发展中国家前列，人才资源储备也在明显提高。然而，西部地区科技投入历年虽然在持续提升，但是占全国科技投入比重仍然较小。2016年西部地区的基础研究（基础研究是指为了某项科研活动的有效开展而对其应用原理、规律进行的知识储备，具有知识性的特征）经费1794000万元，虽然对比2015年有所提高，但只占全国基础研究经费的21.8%，基础研究研发人员全时当量为54700人/年，占全国基础研究人员全时当量的19.9%；应用研究（应用研究主要是指应用于某一实际目的或者具体目标的为获得新知识而进行的创造性的研究）经费2547500万元，其研发人员全时当量为87693人/年；试验发展（试验发展是指将从基础研究和应用研究中积累的理论知识和信息技术应用于新产品的开发、生产，从而解决生产活动中实际出现的问题）经费15603700万元，占全国试验发展经费总量的11.78%，研发人员全时当量为346700人/年。基础研究、应用研究和试验发展经费所占西部地区经费总量比重分别为5.2%、10.3%和84.5%，基础研究占比较小，分配较不均匀。

因此，本书通过文献综述及现状分析，从中发现并归纳总结西部地区科技投入及绩效评价存在的问题，究其原因，实证分析对西部地区的基础研究、应用研究、试验发展三个类别的科技投入进行绩效评价研究，并将西部地区与其他两个区域作比较，探索其科技投入绩效的区域差异，再探究西部地区科技投入绩效影响因素，并以陕西省高校科技投入为例，研究科研经费投入对经济增长的影响。最后提出相应的对策建议，最终目的是使西部各地区的科技资源投入通过合理配置实现效益最大化，进而促进西部各地区经济又好又快发展。

1.1.2　研究意义

本书的研究意义包括以下两方面：

（1）理论意义：第一，本书针对科技投入绩效评价实现机制缺位的理论困境进行研究，研究成果有助于从理论上廓清西部地区科技投入绩效评价的行为规律，提供了科技投入绩效评价模式的理论探索，丰富和深化了科技投入绩效评价研究的内容。第二，在一定的理论框架下，对科技投入产出过程从不同过程结构两个角度具体细化，运用超效率DEA模型研究科技投入产出总效率和子过程科技投入成果效率、经济效率，并将科技投入产出效率进行区域差异对比分析，进一步探究科技投入绩效影响因素，实证结果进一步为科技投入绩效评价提供理论依据分析框架。

（2）现实意义：第一，本书针对我国西部地区科技投入绩效进行研究，分析了不同区域的科技投入特点以及科技投入绩效的区域差异，为西部地区的科技投入绩效评价提供具有重要意义的参考，为政府进行科技投入结构调整提供依据。第二，通过总结西部地区科技投入产出的现状和问题，并探索其原因，进一步加快科技产出的实现，从而使科技投入产出效率最大化，并提出对策建议，继而为西部地区进行科技投入绩效管理和绩效提升提供借鉴参考。

1.2 国内外研究现状

1.2.1 国外研究现状

1.2.1.1 科技资源配置研究

科技资源的配置对区域经济发展及社会进步有着重要作用，同时，配置水平决定着区域创新能力的强弱。关于区域科技资源配置的研究，许多学者强调科技资源配置的空间差异以及科技资源配置与区域发展之间的关系，科技资源配置对于区域经济发展与区域创新能力的作用。并且有的学者认为科技资源配置方式的选择与科技政策制度的演化有关，因此，科技资源配置的选择要随着科技政策及制度的调整随时做出改变。Luca Berchicci（2013）研究配置对创新的影响，科技投入对产出的关系呈倒"U"形，适度的科技投入会促进产出，反之会抑制产出，进而降低企业绩效。此研究说明研发配置对创新绩效的影响起到调节作用，在达到某一特定值后，投入增加并不会使创新绩效增加。因此，科技资源配置在科技资源投入绩效评价过程中起到至关重要的作用。一方面，大多数学者从科技资源配置效率的角度出发研究科技资源的配置情况。例如，Pegah Khoshnevis（2018）在研究中根据研发投入产出的 DEA 效率的测算，探索资源配置效率水平的高低，并发现小型企业规模和技术效率都较低，中型企业规模效率相比于技术效率也处于低水平。但同时又有学者认为，对于企业而言，R&D 投入的多少取决于其配置效率的高低，国外学者 Griliches（1986）利用美国制造业的数据分析研发投入与企业配置之间的关系。另一方面，许多学者认为资源配置效率可以通过研发效率来体现，如 Chun-Hsien Wang（2013）将生产力与研发投入和市场价值结合起来，探究之间存在的联系，生产力直接影响着研发效率的高低，是研发活动有效开展的重要前提条件。P. Gwynne

（2015）在研究中发现，行业性质对企业研发效率的影响较小。而 S. Y. Sohn（2007）在 MBNQA 标准的基础上使用研发效率进行绩效评价。Katarine Wakelin（2001）认为，创新型企业产出的大小决定着生产率的高低，并且生产率又影响企业研发效率。Byungho Jeong（2018）对 R&D 效率进行分析时没有考虑产出存在滞后效应。

1.2.1.2 科技创新能力研究

Vanessa Casadella 和 Dimitri Uzunidis（2018）从创新能力的角度重新审视了制度与创新体系之间的联系。在解决创新能力与国家创新体系（NIS）之间的联系前，分析了制度与创新能力之间的联系，以确定在创新体系中创新能力的重要性。Musiolik 等（2012）提出，创新能力是通过实践、惯例或过程建立起来的。Caniels（1996）认为，地方科技创新与区域经济规模存在着空间匹配性分布特征。Kelly Day Rubenstein（2003）也将专利产出作为科技创新能力的指标并进行了详细的研究。这些研究说明了科技创新能力对区域科技发展及经济发展的重要性，科技创新能力是科技创新的基础，如果没有强大的创新能力作支撑，高校、科研机构、企业旺盛的生命力就得不到良好的体现，科技创新能力是其提升国家、地区和企业生命力及竞争力的重要标志，因此，部分学者也主要对以下三个科研主体的创新能力展开了研究：第一，高校的科技创新能力研究。Kukio Miyata（2000）通过评价科研管理能力效率，进而对提升高校科技创新能力提出了相应的对策。另一些国外学者研究了高等学校科技创新与区域创新系统的关系，如 Marjolein Caniëls（2011）以及 Knut Koschatzky（2001）等研究了高等教育机构在构建区域创新体系方面的作用。第二，科研机构的科技创新能力研究。Richard R. Nelson（2002）在对科研机构的科技创新能力进行研究时，将社会结构、劳动力指数、科研人员数量作为研究的投入指标，将专利作为产出指标，研究投入指标对产出指标的影响。V. J. Thomas（2011）将衡量科技创新能力的指标分为专利授权量与 R&D 经费支出的比值和科学出版物与 R&D 经费支出的比值两部分。Arthur（1989）的研究表明知识获得和创造具有路径依赖性，因此，我们应该进一步加强机构管理，严格制度规范，加快"职责明确、评价科学、开放有序"的科研机构规章制度的建设与完善，这些都有助于为科研机构技术创新能力的提高提供制度规范，对科技创新能力的加强具有重要作用。第三，企业的科技创新能力研究。Barton（1995）提出科技创新能力中有一个重要的分支——核心技术能力，他认为核心技术能力能提高知识学习和内化的深度，这一观点为企业科技创新能力发展演化提供了思路和基础。Wen-Hsiang Lai（2010）从企业的角度出发，研究认为，开展研发活动是企业进行科技创新的有效手段，而进行科研合作对企业的发展有显著的促进作用。

1.2.1.3 科技投入结构研究

1964 年衡量科学研究的指标主要分为投入产出和影响指标，投入指标主要分为经费的投入和人力资本的投入。而产出指标也因为活动主体的不同，具有不同的产出。对于高校而言，科研产出主要集中在论文的发表，而企业则集中在研发专利。影响指标是指在科技创新活动中科技投入产出对劳动生产率、工业增加值等经济社会产生的影响。人力资本作为科技投入资源的重要组成部分，在科技投入产出过程中尤为重要。Eric C. Wang（2007）在对科技投入产出效率进行研究时，主要将人力资本投入作为投入指标，将专利和论文作为产出指标。Richard Harria（2009）在研究中得出，研发投入的税收比例较高，从而影响了研发结构的形成，进而造成财政负担。2002 年，国际上将研发投入的指标从两类扩充为三类，加入了研发活动的基础设施投入。这一次修订将科技投入指标进行了具体化阐述，并将其范围缩小到 R&D 范畴。因此，就科技投入的结构而言，大多数学者将科技投入的结构局限于科技经费的投入和科技人力资本的投入。Griliches（1979）利用生产函数研究了科技投入对专利的影响。Le Thi Van Trinh 等（2005）从人力资本的价值出发对人力资本的存量进行了描述，并发现当时没有人对其进行定量测量。Liu 和 Lu（2010）将人力资本的投入分为项目人力资本和基本人力资本两部分，并且认为每一阶段的投入所得到的产出会变成下一阶段的投入，因此说明人力资本的投入在每一阶段都会发生变化。Rousseau 等（1997）则将专著作为科研产出，并且引入国内生产总值作为投入指标，进而对各个国家的科技投入效率进行研究。Wu（2011）利用中国 30 个省的数据发现，R&D 投入对专利申请、专利申请对省级 GDP 均有促进作用。同时，Pellegrino G.、Piva M.、Vivarelli M.（2012）也发现 R&D 投入与专利产出的关系主要反映在 R&D 资金和人员投入对专利申请的促进作用上。

1.2.1.4 科技投入绩效评价研究

在科技投入绩效评价指标体系的构建方面，Andrzej Kobryń 和 Joanna Prystrom（2017）在研究中提出了一种新的多指标分析方法，他们认为指标的多元化对构建评价体系有重要意义。Kances 和 Siliverstovs（2016）的研究表明，R&D 投入和产出增长之间存在高度非线性关系，只有当知识存量达到一定值后，产出才会显著增长。Ana M. Romero Martínez 等（2017）在研究国际开放创新对国际绩效的影响时发现，人力资本和技术资本都能促进国际和国内开放创新，进而影响国际绩效。Wei Wang 等（2017）在对企业创新绩效的影响因素进行研究时发现，R&D 投资与创新绩效之间并不存在简单的影响关系，由于股权结构的差异，R&D 投资和创新绩效将表现出显著的区间效应。在绩效评价方法方面，Lafarga C. V. 等（2015）利用数据包络分析（DEA）法对墨西哥的区域创新系统效率进行测度。Worthington 等（2016）构建一个两阶段网络 DEA 来评价澳大利亚 37 所大学的研究生产过程，将其分为研究和经费申请两个过程，基于兼顾数量和质量的评价标准上对大学进行排名分析。为解决传统 DEA 模型不能表达创新过程的问题，Li 等（2012）应用两阶段 DEA 或网络 DEA 模型对创新中间过程进行了刻画。Sueyoshi T.（2013）等通过 DEA-DA 分析，研究日本信息技术产业的研究效率。Yu M. M. 等（2016）运用前沿数据包络分析（Meta-dea-ar）模型对个别国家物流绩效指数的效率进行评估。然而，Nicholas S. 和 Vonortas（2013）却引入社会网络模型作为评价 R&D 绩效的方法，并给出了实证分析。不同学者将两种方法结合起来构建混合模型，从而对科技绩效进行评价。例如，Afzal M. N. I.（2014）将 DEA 与 Tobit 模型结合起来，共同测度 20 个国家的创新效率，并进行了深入评价。Seong Kon Lee（2013）将 AHP 和 DEA 结合起来对 R&D 资源进行了有效配置。Odeck J. 等（2012）综合利用数据包络分析法与随机前沿生产函数，测度海港城市的科技效率。Jae-Hyuk Cho 和 Kil-Woo Lee（2013）则是结合贝叶斯网络和 AHP 对韩国 R&D 绩效进行评价研究。同时，Chung D. B. 和 Kim B.（2017）在对韩国企业的创新绩效进行研究时强调，创新投入的良好整合对绩效具有重要意义。

1.2.2　国内研究现状

1.2.2.1　科技资源配置研究

一方面，李红霞、李五四（2010）根据区域划分从不同角度出发在对科技资源的配置进行研究时发现，东部地区大部分省市科技资源配置效率较高，西部地区部分省市配置仍然不足且效率较低。刘玲利（2008）运用 Malmquist 指数方法测度科技资源配置效率发现，我国的科技资源配置总效率存在差异性和规律性。杨传喜等（2015）通过对农业科研机构的科技资源配置的分析结果表明，不同行业科技资源配置效率差异较为明显，技术进步率的降低会引起全要素生产率的降低。田兴国、吕建秋等（2017）则是以高校科技工作者的视角对科技资源配置状况和其满意度进行了深入的探讨和研究，认为合理的科技资源配置方式会使科技成本最小、效益最大，并且认为科技工作者的个人特征在一定程度上影响了科技资源配置状况的满意度。另一方面，许多学者也通过分析科技资源配置影响因素，对科技资源的配置给出了自己的观点。有人认为科技资源配置效率影响因素包括科技资源配置的主体、结构、方式以及社会成本等方面，并且将这四种影响因素进行了细分，认为：①科技资源配置的主体有两类：政府和市场；孟卫东、王清（2013）认为，科技人才的投入和高技术产业的发展等都对科技资源的配置效率起促进作用，但是经济发展水平对配置效率有抑制作用，而产学研结合水平和政府科技投入比例对资源配置并没有影响。②在分析科技资源的配置结构时，主要从"地区间"和"行业间"两个方面进行；孙绪华、陈诗波等（2011）认为，大部分地区的全要素生产率的增长或下降主要受技术进步的影响，但局部地区全要素生产率的高低却受到技术效率变动和技术进步的双重影响。仵凤清等（2012）在对北京市 15 个国民经济行业领域的科技投入与产出进行聚类分析时表明，各个行业领域科技资源配置工作中存在着不同程度的资源"过剩"或"不足"，文化体育和娱乐、交通运输仓储和邮政、公共管理和社会组织、金融、租赁及商务服务等 10 个行业处于低投入低产出的区域。③资源配置方式是"市场导向"和"计划导向"；吴家喜等（2010）基于我国的领先市场导向的科技资源的配置，他们认为领先市场科技资源得到有效配置可以发挥我国科技发展在国际市场中的优先权，并吸引更多资源涌入。以"计划导向"的科技资源配置方式主要是通过制定科技政策支持或者推出并实施科技计划对科技活动进行直接的资金支持来实现。④资源配置过程中必须耗费一定程度的社会成本，社会成本包括资源成本和机会成本。刘玲利（2008）在对科技资源配置效率的测算中发现我国科技资源配置存在浪费现象，并认为我国开放程度的提高、教育投资的扩大、资金投入和人力资本存量的增加、知识产权环境的改善都有助于提高科技资源的配置效率。科技资源在配置过程中的影响因素具有多重性和随机性，它随着配置主体的改变而变化，不同配置主体由于特点不同，其配置的影响因素和作用方式也不同。周伟、韩家勤（2012）认为在科技资源配置过程中，将科技资源配置效果分成两个维度，分别是产出能力和配置能力，最后发现科技配置环境和持续发展能力对资源配置效果两个指标的影响度弱于科技资源投入。

1.2.2.2 科技创新能力研究

首先，高校科技创新能力研究。黄长兵（2017）在对高校的科技创新能力进行评价时认为，高校应该结合各个学院的发展差异有针对性地制定相应的评价体系，不能以偏概全，而学院应该从自身科技创新能力的影响因素入手，进而提高创新能力。李飞、张静文等（2016）基于 ANP（网络层次分析法）在对国防高校的科技创新能力分析过程中发现，国防高校较普通高校而言，科研任务来源渠道更加复杂繁多，并且多数具有保密性。王金国（2017）利用因子分析法对高校科技创新能力进行研究得出，高校的类型差异决定了其科技创新能力的高低，如工科类高校科技创新能力高于经管类高校。还有较多学者利用主成分分析法对高校的科技创新能力进行了实证研究。韩晓明、王金国等（2015）结合主成分分析和熵值法，以 100 余所"211"及省部共建的高校为研究对象，构建了高校科技创新能力评价指标体系，并对研究对象在 2009~2013 年的科技创新绩效进行了评价。他们认为基于主成分分析和熵值法模型的分析能兼顾主观因素和客观因素，对评价高校科技创新能力具有有效性和科学性。刘伟（2010）认为，主成分分析法较层次分析法更适用于参数指标较多且变量轻重缓急程度不好确定的指标体系，因此应利用主成分分析法深层次研究高校各科技创新能力细分指标之间的关系。高校在我国科研活动中扮演着重要角色，也是我国科技发展的主要力量之一，高校为我国的科技创新发展不断地输出人才，进而有效地提高了我国的科技创新能力，不同类型的高校针对自身的特点进行科研活动，也为科技发展提供了不同的动力来源。

其次，科研机构科技创新能力研究。在创新视角下研究科研机构的科技创新能力时，从事基础研究、前沿技术研究和社会公益研究的科研机构是我国科技创新的重要力量。桑伟泉等（2014）通过采集科研院所有效数据并选取相应指标，采用改进的灰色关联分析方法计算出各个指标与特征序列指标的关联度，同时分析科技创新能力与各个指标之间的联系，从而构建合理的指标评价体系。人是进行科技创新的执行主体，处理好人与人的关系、人与职位的关系才能更好地促进创新，我们应该着力于关注人的行为。因此，要提高科研机构的科技创新能力，应着力于解决机构内的人力资源管理问题，并开拓一个有利于创新的环境。科研机构一直是我国科技发展的创新源泉，但是，我们在研究中发现农业科研机构的成果产出和科技资源分布存在"马太效应"，并且这两者既受到科研投入规模和结构的影响，又受到区域经济发展因素和农业资源环境的影响，如何提高科研机构的科技创新能力成为现阶段应该面对的问题。

最后，企业科技创新能力研究。有学者在对比我国和发达国家的中小企业科技创新能力时发现，我国科技人才的引进数量不足、素质过低，从而造成科技成果缺乏先进性和新颖性。张雅等（2014）提出，FDI 企业对我国私营企业的科技创新能力起到了较大的促进作用，FDI 企业通过市场集中度、分工强度和接受消化吸收能力影响私营企业的科技创新能力。但是，从法律制度层面分析，企业创新能力较低是因为财政税收法律的不完善以及中小民营企业知识产权意识较为淡薄，以致无法推动企业的科技创新。上述分析表明，我国中小企业的科技创新能力较薄弱，越小型的企业越难以实现技术创新，一方面是科技人才的质量较低；另一方面是越小型的企业越排斥创新，因为要规避在创新过程中出现的风险。王爱文（2014）认为，培育机制的构建是保证企业科技创新能力发展的保障，它由创新激励机制、培育企业家精神、培育企业创新文化等分支构成。有的学者根据企业科技创新的特点，构建了企业科技创新能力评价的指标体系，通过定性方法与定量方法相结合的方式，并结合具体企业进行实证研究，评价出企业科技创新能力的强弱。近年来，越来越多的创新能力低的企业面临着原材料价格攀升、劳动力成本居高不下、竞争压力不断上升等问题。因此，在巨大的挑战下，企业应该通过履行社会责任来提高自主创新能力，帮助企业走出困境。而对于科技型的企业而言，创新能力的提高对促进区域经济的发展和技术革新更为重要。

1.2.2.3 科技投入结构

首先是科技经费的投入。部分学者认为科技经费投入与经济增长之间存在稳定的均衡关系，政府科技经费投入、企业科技经费投入是有效的，对经济增长的贡献明显，并且科技经费投入对经济增长的作用存在滞后效应（任静、杨志江等，2010）。梁莱歆、马如飞（2009）根据不同的研究目的，将大中型工业企业的科技经费投入划分为新产品开发支出、技术改造经费、技术引进经费和技术吸收经费四种。施振佺等（2014）认为，我国地方高校的科技经费投入存在不足现象。秦浩源（2009）基于科技经费投入统计指标，应用基尼系数分析、区位熵等方法从差异性、均衡性、关联性等方面分析了地区科技经费投入的区域特征情况，对各地区科技经费投入的水平、规模、优势与不足进行了深入研究。张明喜（2016）的研究表明，科技经费的投入方式主要是无偿资助，但是也在向多样化的资助方式延伸和发展，当前金融类创新最为活跃；税收优惠类异军突起。科技经费的投入是科技投入的主要部分，其投入的主体、方式、内部结构、影响因素等都对科技投入绩效有深刻的影响。

其次是科技人力资本的投入。在知识经济时代背景下，人力资本对提升科技创新能力有着不可忽视的作用，并在一定程度上影响创新绩效的高低。人力资本作为科技投入资源的重要组成部分，在科技投入产出过程中尤为重要（苏屹、安晓丽、王心焕，2017）。并且，人力资本的投资是一个长期的过程，受到环境的影响比较大，在投资过程中可能会出现人力资本的浪费从而导致无效投入。因此，加大人力资本的补偿力度能激发科研人员开展科研工作的积极性，乃至决定着国家科技创新体系的产出水平与产出质量（薛澜等，2014）。刘新姝（2010）将科技投入分为政府科技经费筹集总额、科技活动人员人均科技经费、研究与开发机构数，并发现科技人力资本投入与科技人员状况呈正相关关系。从全国范围来看，科技人力资本投入的重点是大学生的培养，并且人力资本的投入对我国高技术产业的长期和整体发展产生了显著影响。

1.2.2.4 科技投入绩效评价研究

从绩效评价方法来看，田时中等（2016）在对安徽省财政科技支出动态绩效评价指标进行研究时，基于建立的科技支出动态绩效评价体系，在 AHP—熵值法和模糊隶属度函数确定权重及指标量化值的基础上，运用线性加权和函数

对 2008~2013 年安徽省财政科技支出动态绩效进行了实证评价。汪晓梦
（2018）在对西南高校科技创新绩效进行评价时，基于统计指标原始数据，利
用灰色关联模型和主成分分析法分析了西南地区高校科技创新绩效，研究表明，
西南地区高校科技创新投入与产出具有一定的合理性，绩效与东部先发地区高校
相比处于中等偏下水平。盛明科、孟佳（2018）通过建立基于 DEA-Malmquist
模型对中国省域科技创新绩效评价研究时发现，国家整体的科技创新绩效变化
呈直线上升趋势，但是各省域创新绩效存在显著的差异。徐银良、王慧艳
（2018）基于过程视角，运用考虑非期望产出的超效率 SBM 模型，以评价省域
科技创新驱动产业升级的绩效水平。张东波等（2018）以扬州市区域科技创新
为背景、以熵值法为研究手段筛选恰当的指标，基于改进的组合评价模型构建
了区域科技创新评价指标体系，用于研究扬州市区域科技创新的发展规律，并
判断所处的发展状态。谭瑾、罗正英、徐光伟（2017）利用数据包络分析方
法，从科研开发和高新技术企业科技创新效率两个方面对苏南地区常州科技创
新投入绩效进行评价。叶文显（2017）依据 2005~2014 年西安市科技创新的面
板数据，运用综合权重 TOPSIS 法分析西安市的科技创新能力，采用 BCC 模型、
超效率 DEA 模型与 Malmquist 指数分析西安市的科技创新绩效。李露（2016）
基于层次分析法构建企业科技创新绩效评价体系，并选择相关企业应用该评价
指标计算其科技创新绩效，进而对企业科技创新绩效进行测度和评价。柴玮等
人（2015）对我国六家资源型企业科技创新绩效进行了评价，以研发投入、人
力资源投入和下设研究机构数量作为科技投入指标，以 SCI 论文数、授权发明
专利数、申请专利数以及所获国家级科技成果获奖数作为科技产出指标。

1.2.3 研究评述

本书主要针对国内外学者在科技资源配置、科技创新能力、科技投入结构、
科技投入绩效评价四方面进行文献梳理和归纳总结，为后文的理论分析与实证
研究奠定了基础。然而，目前的研究由于所选择的研究角度、研究方法以及研
究样本的不同，得出的结论不相一致。综观上文所总结的相关文献，本书归纳
出以下几点主要结论：

（1）从研究方法和研究内容来看，在定性研究方面，通过国内外研究综述
发现，大多数学者的研究视角是针对科技投入的资源配置效率及影响因素、科
技创新能力及科技投入结构进行分析研究，或者笼统地探讨科技投入与经济增
长的关系；在定量研究方面，大多数学者单独使用数据包络模型对科技投入绩
效进行评价研究，然而本书在国内外学者研究的基础上，结合灰色关联度分析

和数据包络模型分析，对科技投入绩效进行测度，运用泰尔指数对西部地区的科技投入绩效进行区域差异对比研究，最后运用 Tobit 模型提出影响了科技投入绩效的相关因素。

（2）从研究对象来看，既有文献更多地从科技投入结构入手，研究其与科技产出的关系，并且多局限于高校、科研机构、企业对科技投入方面的研究，而很少从区域角度入手来对比分析科技投入的绩效情况。而本书中将集中于西部地区的科技投入，并基于基础研究、应用研究、试验发展三个活动类型进行研究，研究西部地区科技投入对其绩效的影响程度，进行比较其科技投入产出效率，并分阶段研究科技投入产出效率，探索该区域在科技投入过程中存在的问题及原因，为西部地区提高科技投入绩效的评价研究提供理论和实践基础，从而对相关部门提出政策性建议和意见。作为区域创新系统之一，西部地区的科技绩效对全国科技创新能力的提升有重要作用，因此，对西部地区的科技投入绩效进行区域差异研究，与其他区域的科技投入绩效作对比，分析结果可以为西部地区科技投入绩效的调整提供实证支撑。

1.3　主要研究内容

本书基于现实背景提出研究选题，在相关文献梳理的基础上找到研究落脚点，运用定性分析与定量分析相结合的方法，通过《中国科技统计年鉴》选取数据进行分析研究。首先，在明确本书研究内容和方法的基础上，系统梳理归纳了相关理论基础和国内外的有关研究文献，总结了现有研究的现状以及不足。其次，利用收集到的数据以及建立的模型，运用计量经济学的方法进行实证研究，采用超效率 DEA 模型对西部地区科技投入产出效率进行测算，并利用泰尔指数将西部地区与东部、中部地区进行绩效对比分析，再通过建立 Tobit 模型，探究西部地区科技投入绩效的影响因素。再次，以陕西省高校科技投入为例，研究了科研经费投入对经济增长的影响。最后，依据西部地区科技投入绩效研究中的现状问题分析及实证结果分析，提出西部地区科技投入绩效提升的对策建议。为此后相关研究领域和方向提供思路。基于此，本书的研究内容主要具体包括以下八个方面：

第 1 章，绪论。绪论一共有五部分：第一部分是研究背景与意义；第二部分是国内外研究现状；第三部分是本书的主要研究内容；第四部分是本书的研究方法和技术路线；第五部分是本书的创新之处。

第2章，理论基础。理论基础分为两部分：一部分内容为"区域"概念的界定、科技投入的内涵、科技投入绩效的概念以及科技投入绩效评价的概念；另一部分内容为相关理论，即人力资本理论、非均衡发展理论、区域创新理论以及投入产出理论。"区域"概念的界定包括：首先是"区域"的定义，"区域"在经济学中是指人的经济活动所造就的、围绕经济中心而客观存在的、具有特定地域构成要素并且不可无限分割的经济社会综合体。其次是"区域"的特征主要包括层次性、差异性、整体性、可变性。科技投入的内涵包括科技经费和科技人力资本的内涵。科技投入绩效的概念、科技投入绩效评价的概念主要包括科技投入绩效评价的内涵及绩效评价的主要方法；在对相关理论的研究方面，人力资本理论中包括人力资本的定义、人力资本投资的含义等。本书的理论基础中的非均衡发展理论主要包括冈纳·缪尔达尔的循环累积因果论、阿尔伯特·赫希曼的不平衡增长论、佩鲁的增长极理论；区域创新理论主要包括创新理论、区域创新系统和区域创新思想；投入产出理论主要包括投入产出分析的由来和主要内容。

第3章，西部地区科技投入及绩效评价存在问题的分析。第一部分是区域科技投入现状。区域科技投入现状主要通过针对我国东部、中部、西部地区的科研经费进行分类研究，分析各地区科研经费的构成情况；从科技论文、国内专利申请授权数、技术市场技术输出地域（合同金额）、新产品销售收入四种类型分析全国的科技产出情况。第二部分是我国西部地区科技投入及绩效评价存在的问题。结合第一部分的研究现状，从科研经费和科技人力资本两个方面分析了西部地区科技投入存在的问题：首先，科研经费存在的问题有以下几点：①投入存在"马太效应"；②投入结构不合理；③经费投入的产出较低。其次，科技人力资本方面存在的问题有：①人力资本投入不足；②科研人员的科技创新能力较弱；③科研人员的科研积极性不高。第三部分是我国西部地区科技投入绩效评价存在的问题：①绩效评价指标选取不准确；②绩效评价结果反馈的运用较差；③绩效评价指标体系不完善。第四部分是我国西部地区科技投入存在的问题的原因：①科研经费管理缺乏可靠的经费预算、科研经费使用监管不到位、经费报销程序复杂滞后；②人力资本缺乏有效的人力资本补偿、激励过于刚性、内部存在歧视、对科研活动重视度不够；③政策方面科研政策不完善、科研制度缺乏针对性。

第4章，西部地区科技投入绩效评价及区域差异分析。本章第1节首先介绍了数据的来源，数据主要来源于历年《中国科技统计年鉴》；其次对科技投入进行指标构建，介绍了指标构建、指标选取的原则；最后对科技投入绩效评价的指标进行灰色关联度分析，分析各指标的关联性情况。第2节主要是西部地区科技投入绩效评价的实证研究。进行科技投入与产出分析。再通过建立超效率 DEA 模型，得出 2009~2015 年西部地区科技投入产出效率值和 2009~2015 年西部地区分阶段科技投入产出效率的波动情况，对西部地区科技投入的绩效进行评价。第 3 节对比西部地区与东部地区和中部地区的科技投入产出效率的空间差异情况，通过泰尔指数探究西部地区的绩效差异化；第 4 节对科技投入绩效的影响因素进行分析，选取指标科技进步、人力资本质量、投入结构、市场化程度，建立 Tobit 模型，分析四个指标对科技投入绩效的影响。

第 5 章，陕西省高校科研经费投入与经济增长的现状及问题分析。区域高校作为一个区域创新系统，对其所在地的经济增长产生的影响都具有区域特色，从既有文献的研究范围来看，缺乏以陕西省高校为对象进行的科研经费投入对经济增长的影响研究成果。本书从《中国统计年鉴》《陕西省统计年鉴》和《高校统计资料汇编》等渠道收集相关的指标数据，进行横向和纵向的数据对比。另外，结合问卷调查法深入剖析陕西省高校科研经费投入使用的现状及存在的问题，以期找出陕西省高校科研经费投入促进经济增长的"阻塞梗"，为后文进行的影响机理分析和实证分析提供现实背景，最后提出有助于解决陕西省科技经济"两张皮"的针对性建议。

第 6 章，陕西省高校科研经费投入对经济增长影响的实证分析。以系统的角度审视高校科研经费从投入到产出再到对经济增长产生影响的全过程，探明高校科研经费投入如何促进经济增长这一机理"黑箱"。在此，本章先在文献梳理和总结的基础上，以内生经济增长理论和熊彼特创新理论为理论视角，分析高校科研经费对经济增长的影响机理，并提出三个假设：①从不同来源渠道来看，科研经费能促进经济增长，政府科研投入具有示范作用与保障作用，企业科研经费投入能促进科研成果转化，提高企业竞争力。②从不同支出结构来看，高校科研经费投入能促进经济增长，基础研究是技术进步的源泉，应用研究能促进科研成果的转化。③科研经费投入是以科研产出成果为中介从而促进经济增长，科研成果具有知识溢出效应。然后对陕西省高校科研经费投入与经济增长进行协整检验以及中介效应分析。在研究方法方面，本书首先采用协整分析方法，在既有文献考察经费投入总量对经济增长的影响研究成果基础上，将高校科研经费投入从不同来源渠道（政府资金、企业资金）和不同支出结构（基础研究、应用研究、试验发展研究）两个角度具体细化，分析陕西省高校科研经费投入对经济增长的动态影响；其次通过因子分析方法测量高校科研经费产出成果情况，以科研产出为中介，采用温忠麟三步检验法进行高校科研经费投入对经济增长的中介效应分析。

第 7 章，提升西部地区科技投入绩效水平的对策建议。针对以上 6 章的研究，第 7 章提出提升西部地区科技投入绩效的对策建议。第一，调整科技投入结构。包括提高基础研究支出比例和均衡科技投入水平两部分。第二，改善科研经费管理。进行全面预算管理、实现科研经费的协同监管、促进科研经费的有效配置。第三，加强科研人员管理。提高科研人员素质、加大科研人员激励力度、完善科研人员绩效评价体系。第四，优化科研管理政策。包括完善科研经费管理的相关体制机制、完善科研监督制度、提高科研管理的信息化水平三个方面。第五，加大科研经费柔性化管理力度。包括加强弹性化预算管理、丰富科研经费资助模式、提高科研经费内部控制的柔性化、完善科研经费柔性化决算管理四个方面。

第 8 章，结论与展望。

1.4 研究方法和技术路线

本书采用文献研究法、实证研究法以及比较分析法，以期获得较好的研究效果。

（1）文献研究法。通过对国内外的研究文献进行梳理和分析，明确既有关于科技投入对科技创新绩效影响研究和计量模型构建方面的研究现状及不足之处，为本书的研究确定思路。并了解典型区域的科技投入方面的特点以及存在的问题及其原因，以期探明西部地区科技投入的影响因素，构建科技投入绩效的影响模型，为后期的绩效评价研究提供依据。

（2）实证研究法。通过《中国科技统计年鉴》数据的收集和整理，根据已有文献的梳理归纳，选取指标进行实证研究。首先，利用灰色关联度分析对指标进行相关性检验，提高指标选取的可靠性，为科技投入绩效评价提供现实依据。其次，构建超效率 DEA 模型，对西部地区科技投入产出的效率进行测算。再次，通过泰尔指数对西部地区科技投入绩效与东中部地区进行分析，探索西部地区区域内差异与区域间差异。最后，通过构建 Tobit 模型，对影响西部地区科技投入绩效的影响因素进行分析，为科技投入绩效水平的衡量提供证据支持。

（3）比较分析法。通过将西部地区与东部、中部地区科技投入产出效率进行对比分析，进而发现西部地区与其他两个地区存在一定的差距，并根据研究现状提出中西部地区科技投入存在的问题，最后提出改善西部科技投入绩效的相关建议。

本书的技术路线如图 1-1 所示。

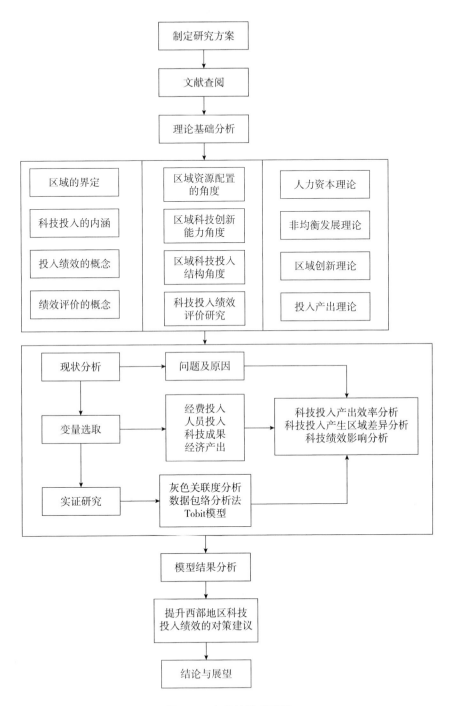

图 1-1 本书的技术路线

1.5　创新之处

本书的创新之处主要体现在以下两点：

（1）在对绩效理解方面，从内部和外部两个层面对科技投入绩效进行评价，进一步丰富绩效内涵。根据文献整理和归纳发现，目前大多数学者对绩效的测度和评价主要是从投入和产出角度进行衡量。而本书在大多数学者研究的基础上，从内部和外部两个层面对绩效进行评价，并对不同区域绩效进行对比分析。首先从内部绩效出发，对西部地区科技投入产出进行测度与评价，发现西部地区科技投入产出平均效率处于有效状态，然而区域内部部分省份在样本期间内处于 DEA 无效状态。其次从外部绩效出发，根据西部地区的科技投入绩效，进一步测算东部、中部地区科技投入绩效，对各区域绩效进行差异化评价，进而发现西部地区科技投入绩效与东部、中部以及西部地区各省份的绩效差异，从而为提升西部地区科技投入绩效提供依据。

（2）在研究方法方面，利用泰尔指数对东部、中部、西部地区科技投入绩效差异进行分析。数据包络分析法是绩效评价运用最广泛的方法之一，然而，传统的数据包络分析法存在一定的局限性，只能衡量有效单元和无效单元，而对有效单元不能进行层次划分与衡量，因此，本书在传统数据包络分析法的基础上，利用超效率数据包络模型对科技投入绩效进行测度衡量，对有效单元进行精确测量，从而保证了绩效评价的准确性。同时在研究过程中，为了对比科技投入绩效的区域差异，本书在数据包络模型的基础上，利用泰尔指数对东部、中部、西部地区科技投入绩效进行分析。泰尔指数打破了基尼系数的局限性，不仅可以衡量一国或地区投入差异，而且可以来衡量其变量的区域间差异和区域内差异，探明西部各区域与其他省份科技投入绩效的差距，进而为影响科技投入绩效的因素提供实证基础，以期有针对性地提升西部地区科技投入绩效，为进行科技投入绩效评价提供新的思路。

2

理论基础

2.1　相关概念

2.1.1　"区域"的界定

2.1.1.1　"区域"的含义

"区域"的界定有利于本书对区域进行划分，是解释区域划分的基础。区域划分更方便了解区域差异和特点，有利于进行区域分析研究，从而了解区域的优势和劣势，为更好地进行区域发展提供依据。"区域"一词在不同的学科中有不同的理解，"区域"在不同学术领域有不同的定义与解释，概念广泛复杂，包括地理学、民族学、经济学等，"区域"必须要有人的加入。在地理学中，"区域"是指按照经济发达程度、交流相对联系密切程度所划分的区域，地理学把区域定义为地球表壳的地域单元。政治学将区域划分为若干个国家行政单元；而社会学则认为区域是同一语言的人群的集合。经济学学者对"区域"的概念有不同的解释，他们认为"区域"是指人的经济活动所造就的、围绕经济中心而客观存在的、具有特定地域构成要素并且不可无限分割的经济社会综合体。如表 2-1 所示。

表 2-1　"区域"的定义

文献	"区域"的定义
汤燕（2018）	"区域"不仅代表地理位置上的分割和规定，还包括一定的人文因素，并且各区域之间多种因素差异较大，具有地理特色和人文特色

文献	"区域"的定义
霍国庆、杨阳、张古鹏（2017）	"区域"的概念分为三个层次：一是超越国家和地域，由多个国家组成的经济区；二是由多个国家部分地区构成的经济区；三是专指一国经济区
孙久文（2014）	经济学的区域概念指的是居民高度认同、地域完整、功能明确、内聚力强大的地域单元
熊义杰（2011）	"区域"是指在经济活动中，各组成部分内部联系紧密且活动较为独立完整的、具有特定功能的空间
胡佛（1984）	"区域"是指存在政治制约、人员管理、地区规划等活动客观实体的一片地区，地区内可以在法律政策制约下自由进行经济贸易活动

经济学认为，"区域"是由人的经济活动所造成的、具有特定地域特征的经济社会综合体。因此，本书根据《中国统计年鉴》进行区域划分，将30个省、自治区和直辖市（除西藏自治区、台湾省、香港特别行政区和澳门特别行政区）分为三大经济区域，分别是东部地区、中部地区和西部地区。具体分组如表2-2所示。

表2-2 中国三大经济区域划分

区域	各区域所含省份
东部地区	北京市、天津市、河北省、辽宁省、上海市、江苏省、浙江省、福建省、山东省、广东省、海南省
中部地区	山西省、吉林省、湖南省、黑龙江省、安徽省、江西省、河南省、湖北省
西部地区	内蒙古自治区、广西壮族自治区、重庆市、四川省、贵州省、云南省、陕西省、甘肃省、青海省、宁夏回族自治区、新疆维吾尔自治区

2.1.1.2 "区域"的特征

（1）层次性。即区域是有等级的。区域的层次性主要体现在是由若干小区域而构成的。区域的层次性不仅表现在空间位置上，而且也表现在理论概念上。按行政特点，区域可以分为若干国家，一个国家则由若干省份组成，每个省份又可以再细化为若干市，这样逐步划分，最后可以细化为乡镇、村落、小组，然而，村小组则又由每一户村民组成；按经济发达程度，区域可以分为发达国家、发展中国家和欠发达国家，而这三类中又可以根据经济发展程度分为发达地区、中部地区、落后地区。从等级高的区域到等级低的区域，从整体到部分，就体现了区域的层次性。

（2）差异性。指区域与同等级区域之间的差异。区域间的差异性其实是与区域内部的同一性并列提出来的。一般说来，区域等级越高，区域内部越复杂，同一性就小，区域间差异性也就越大，互补性越强；反之，区域等级越低，区域本身简单，区域内同一性大，区域间差异也小。我国区域的差异性体现在以下三处：一是时间差异化。我国地跨五个时区：东五区、东六区、东七区、东八区、东九区。东五区主要位于新疆西南部、西藏西北部地区。东九区位于黑龙江东部、吉林东部，我国东西时差有 4 个小时。二是气候差异化。例如，黑龙江省位于中国东北部，年平均气温处于-5℃~5℃。而新疆由于高山围绕，阻止湿气循环进入，因此形成了温带大陆性气候。重庆气候较为适中，属亚热带季风性湿润气候，年平均气温在18℃左右，这就显示出明显的气候差异。三是经济发展差异化。例如，东部沿海地区经济较发达，第三产业所占比重比较大，服务业发展较为迅速；而西部内陆地区，经济发展相对落后，第一、第二产业占比较大，是其地区的主体产业，这也体现了区域具有差异性。

（3）整体性。区域是由若干个小部分组成而来的，小部分之间相互影响和联系，进而组成一个整体。也因此存在较大不确定性，区域内各部分的活动都会影响其他部分的变化。例如，某一区域的气候变化，会影响到植物、动物、土壤以及人类活动。人类活动对自然环境的影响微弱，所以许多地方仍然保持着原始的自然状态。在经济发展过程中，"区域"的整体性还体现在经济的联动效应，一个区域的发展会带动区域边缘经济的增长，并且该区域内的所有组成部分发展速度相当，所处的发展周期阶段几乎相同。

（4）可变性。区域的可变性体现在由于区域界线不明确，从而使区域在中心位置有明显的界线，越趋于边界，界线越模糊，使得与其他区域融合在一起，即使界线明确的海岸线也会因潮水的涨落而变动。从漫长的历史进程来看，严格划定的国界也是变动的。可变性的另一面，是指对同一地表空间，人们研究区域的目的不同，划分的角度、指标不同，可得到不同的区划方案。另外，任何自然区划的指标数值总是根据一定的时间长度统计而来的，若时间长度发生变化，统计所得数值就会随之不同，地理界线即会产生移动。产生这种现象的原因，是由于自然界也在不断地发展变化着。

2.1.2　科技投入的内涵

科技投入是科研活动得以顺利进行和开展的基础，是指国家为了发展科技创新能力从而促进经济发展的重要力量支持。从广义层面上看，科技投入的目标是有效地提供科研过程中所需要的物质条件、政策条件、人力条件，其中物质形式的投入、资金投入、人力投入是科技投入的三大部分。从狭义层面上看，科技投入是指科技活动经费投入的总值，包括基础研究、应用研究以及试验发展，科技投入的多少也体现了国家对科研活动的重视程度。科技投入的基本分类为科研经费、科技人力、基础设施；科技投入资金按来源可分为政府资金、企业资金、国外资金、其他资金；按执行部门可分为企业、研发机构、高校和其他。研发机构和高校是科技投入的执行部门，经过政府和企业的科技投入进行科研活动，企业既是科技投入的主体，又是科研投入的执行部门，承担着科研活动的双角色。科技投入一般用于研发机构、高校和企业科研项目的开展、科研人员的培养与基础设施的提供，使其科研人员能更好地进行科学技术研发与创新工作，为我国科技事业做出贡献。

本书对科技投入绩效进行评价时，根据相关理论及文献研究，将投入指标分为科研经费投入和人力资本投入，并按照活动类型分为基础研究、应用研究及试验发展研究。基础研究是开展科研活动的基础，是指为了某项科研活动的有效开展而对其应用原理、规律进行的知识储备，具有知识性的特征，而应用研究是将基础研究中所储存的知识应用于科技创造，基础研究为应用研究奠定了基础，或是为达到预定目标探索而采取的新方法或新途径。研究成果以论文、著作、标志性成果、发明专利等形式体现，具有较强的理论性，对科学技术的发展具有指导作用，解决具体存在的科学问题。试验发展则是在基础研究和应用研究的理论及技术的指导下，将其用于生产活动中，以期获得新产品的过程。试验发展是为了特定的目标进行知识获取和技术应用，并将所获取的知识和技术用于解决当前存在的实际问题，以获得新的发展，为产品提供了新技术、新工艺、新材料，为各项工作的改进提供了科学依据。基础研究和应用研究主要为科技活动提供理论基础和研究依据，而试验发展则是利用新技术对已有的各项工作进行实质性改进。然而，科研工作在基础研究与应用研究的关系上，存在严重的"错位"，"耕了别人的地，荒了自己的田"，做了大量本该由设计院、工研院、产研院和企业研发机构做的工作，导致基础研究薄弱、原始创新能力不强，严重制约了学校科研工作的层次和可持续发展。因此，科技活动应该大力加强基础研究，回归科研的本位。

2.1.2.1 科研经费

科研经费内部支出根据活动类型分为基础研究、应用研究、试验发展三类，基础研究为科技创新提供基础，为科技创新带来新观点、新角度，进而增加国家创新活动的竞争力，促进产业升级，提高创新绩效。基础研究经费是研发经费的重要组成部分，来源渠道包括政府资金、企业资金、其他资金等。基础研究是科技创新活动的根本，能够在一定基础上打破固有的创新方式，带来新理念、新方法。同时，基础研究又面临着巨大的挑战。首先，转化范围险隘，多数基础研究成果内部产业化转移困难，而内部成果转化价值较低，增值效应不显著；其次，转化动力不足，缺乏稳健、灵活的激励保障体系，科研人员观念落后。然而，Kubo（2016）在对日本的基础研究投入方面进行研究时发现，虽然基础研究前期投入较大，并且收益未知，但是日本在基础研究投入方面具有足够的耐心，因此推动了科技创新的发展。在创新生态系统观念下，应摒弃技术推动、市场牵引的成果转化单一路径，转变为多主体参与、相互依存的成果转化生态模式（刘启雷、郭鹏等，2018）。基础研究为产业转型升级提供创新理论基础和核心竞争力，技术突破为产业转型升级提高创新动力。基础研究作为科技发展的源头，为科技创新提供新想法、新思路，在我国科技创新中扮演重要角色。

2.1.2.2 人力资本投入

人力资源是进行科研活动开展的第一资源和重要支撑，人才资源的质量和水平决定着科研创新的程度和水平。加强我国科研人力资源管理对促进各项科研工作的顺利开展具有关键作用。人力资本以人为载体，是人身上所具有的知识及技能的综合，包括经验、技能熟练程度、工作年限与资历等。人力资本投资可以用货币进行量化，人力资本投入的方式包括卫生保健与服务、正规教育、成人教育、在职培训和人口迁徙等。在对科研活动进行研究时，所谓的人力资本投入主要指科研人力资本，即科研人员对科研活动进行的促进作用，并带来一定的科研成果。科研人员是指集中在企业、科研机构、高校等工作单位从事科研活动的人。包括直接科研人员和间接科研人员。直接科研人员是指进行科研活动的人员，间接科研人员则是指科研活动的边缘人员，包括科研管理人员，即协助直接科研人员的人，如设施维护、文献整理及收集（李炜、李子彪、康凯，2018）。陈昭和林涛（2018）在对研发投入门槛与技术创新的研究中发现，研发人力投入对我国技术自主创新能力有显著影响，加大其投入，对我国高技术产业技术创新必将有显著的促进作用。并且，人力资本是一种特殊资源，是能给企业带来竞争优势的特殊资源，会直接影响企业绩效。随着技术创新成为经济发展的核心，人力资本投资对企业绩效的贡献将越来越大。一般国际上通用 R&D 人员全时当量作为科技人力投入的指标。其含义是指 R&D 全时人员（全年从事 R&D 活动累积工作时间占全部工作时间的90%）工作量与非全时人员按实际工作时间折算的工作量之和。

2.1.3 科技投入绩效的概念

绩效是指组织或个人为实现企业目标所做的工作和贡献，进而用来衡量完成目标的工作质量、效率和目标完成度。绩就是业绩，包括目标管理和职责要求；效就是效率，是指组织完成目标的成熟度。绩效从管理学角度来看，是指组织所希望达到的结果，表现在不同层级、不同职能部门在不同工作内容上的工作输出，包含个人绩效和组织绩效两部分。组织绩效往往建立在个人绩效的基础上，但是二者又有所不同，只重视个人绩效的提高会使组织内部混乱，影响组织整体目标的实现；然而，只重视组织整体绩效会导致组织内部有失公平，进而导致科研人员积极性受挫，不利于组织的长远发展。

科技投入绩效是指经过科技投入转化从而得到的一系列科技产出，是科技投入是否达到最优化利用的直接反映，是衡量科研人员工作的主要依据。科技产出又分为直接产出和间接产出，直接产出包括由于科研经费和科技人力资源的投入所产生的专利、论文、技术市场成交合同数等科研成果；间接产出则分为科技投入经过转化带来的经济效益，包括技术市场成交额和新产品销售收入。绩效管理作为人力资源管理中一个非常重要的模块，也是现代人力资源管理与开发的重要内容之一。科研人员是企业的核心人力资源之一，对科研人员绩效的衡量不仅关系到他们的薪酬、调迁、升降、奖惩，也决定了组织吸引、保留、激励科研技术人员的能力。研究科技投入绩效有助于相关部门制定合理的科技计划，调整科技活动的重点与方向，推动科技研发活动的有效发展，提高科技投入管理水平和科研经费的利用效率。Rousseau（1998）将 R&D 支出、GDP、研发人员数、SCI 发表数和专利局专利数作为投入产出指标用以评价欧洲科技投入的绩效。赵当如、陈为（2018）对于科技投入绩效研究的指标选择在基于科学、可行和系统的三原则下，科技投入主要包括政府财政科技资金投入和试验发展经费支出，期望科技产出包括专利授权数这种科技直接成果和技术合同成交额等科技经济成果。并认为科技投入绩效空间相关性可能还与市场化程度、财政分权度、居民受教育程度有关。科技成果通过转化对我国经济和社会的发展起到了至关重要的作用。科技创新是经济由高速增长向高质量发展转变的有效途径，而科技成果转化在科技与经济紧密联结中起着重要的桥梁作用，是将科技创新成果转变为生产力的重要一步。而高校是产生科技成果的主要主体之一，20 世纪 50 年代末，高校科技成果转化模式主要分为高校自行转化和高校与企业合作转化两种类型。高校的科技成果积极转化在一定程度上充分调动了各参与主体的积极性，优化了高校科研人力资源配置。本书将科技投入绩效分为科技成果和经济效益两部分。

2.1.4 科技投入绩效评价的概念

2.1.4.1 科技投入绩效评价的内涵

科技投入绩效评价是指评价主体根据科技活动中设定的绩效目标，运用科学、合理、规范的评价指标、评价标准和评价方法，对一定时期内科技投入的经济性、效率性和效益性进行客观公正的评价。实际上，科技投入绩效评价主要是对科技投入产出转化效率的高低进行评价。科技投入绩效评价的目的在于通过对科技投入产出现状进行分析，运用定量的评价方法测算科技投入产出效率的高低，找出科技投入绩效过程中存在的问题，为科技投入绩效的有效管理提供借鉴，为提高下一时期的科技投入绩效提供依据。对科技投入绩效进行评价不仅有助于解决科技投入绩效中存在的问题，而且有助于准确定位科技投入绩效评价的不足之处并进行改进，进而获得科技进步所带来的经济增长与社会发展。本书在已有定义的基础上，将科技投入绩效评价的内涵定义为：科技投入绩效评价是指通过投入科研经费和人力资本并将其转化为科技产出，进而通过科技进步带来社会效益的过程，在此基础上对科技投入转化能力进行评估。

2.1.4.2 科技投入绩效评价的方法

（1）灰色关联分析法。灰色关联分析法是将两个因素根据时间或研究对象的变化而都亮出不同的关联程度的指标，是用于度量两种因素之间的关系强度的一种方法。实际上是利用空间曲线之间的相似性进行分析比较，曲线趋势越接近，其发展趋势就越趋同，则关联程度越高。由于灰色关联分析法对样本容量不做任何限制，且不必考虑样本总体的统计分析规律，特别适用于小样本序列的情况，并且方法原理简单，计算量小，计算机实现方便。因此，这一分析方法实际上是对系统发展过程的量化分析。

灰色关联分析法主要有以下六个计算步骤：第一步，设定基础数列和对比数列。第二步，求各数列的初值像（或均值像），即数列无量纲化处理。由于每组数据的单位不同、衡量的标准不同，为了保持计算的一致性，将第一组数列作为基础数列，并将基础数列与对比数列的每一组相除，得到数列无量纲化处理值。第三步，求差序列。将无量纲化处理后的数列与其他数列进行作差，得出其绝对值。第四步，求两极最大差与最小差。即将第三步中的差值绝对值进行比较。第五步，求关联系数。首先设定分辨系数，一般认为在0~1，因此，通常设为0.5。第六步，计算其灰色关联度。

（2）数据包络分析法（DEA）。数据包络分析法应用于数学、经济、管理等众多学科中，是相关学科的交叉领域，它主要是根据多种投入和产出指标，建立数学模型，进而得出具有一致衡量单位并能进行有效性评价的一种非参数数量分析方法。当前，数据包络分析方法已经应用到很多行业和领域，是运筹学和研究经济生产边界的一种方法（Aerzuna A.、Wang J.、Wang, Hongwei 等，2017）。该方法以相关部门与类似部门的绩效比较结果来表示该部门的效率，最终优化的目的是使得该单位的效率最大化。基于上述过程，我们来定义相对有效单位和无效率单位，前者是指在这个过程中表现出百分之百的效率，后者是指那些评估分数达不到百分百的单位。相关管理者就能够运用 DEA 来判断决策单元是否有效，并通过对比评估出的非有效以及有效率单位，进而提出降低无效率的途径（Kutlar A.、Kabasakal A.、Sarikaya M.，2013）。其基本原理是通过保持 DMU 的输入或者输出不变，利用数学规划和统计数据确定相对有效的生产前沿面，再将各个 DMU 投影到 DEA 的生产前沿面，并通过比较各个 DMU 偏离 DEA 前沿面的程度来评价其相对有效性，还可以利用投影方法进一步分析每个 DMU 非 DEA 有效的原因及改进方向（Kashim R.、Kasim M. M.、Rahman R. A.，2017）。DEA 方法由于不需要预先估计参数，避免了主观因素对评价的影响，同时它的算法简单，误差较小，并且在处理多指标投入和多指标产出方面，体现了其得天独厚的优势，已成为管理领域评价效率的重要分析工具（朱金龙、朱卫未、宋福明，2018）。

国外学者利用数据包络分析方法对投入产出效率进行测算和评价，例如 Lai、Po-Lin 等（2015）利用层次分析法和数据包络模型对机场的效率绩效进行评估。Martí、Luisa 等（2017）利用数据包络分析法计算总体物流绩效的综合指数。Lahouel、Béchir Ben（2016）利用数据包络分析对法国企业的生态效率进行测度与分析。Badiezadeh T. 等（2017）通过建立乐观和悲观的 DEA 模型对供应链管理的绩效进行评价。Kiani Mavi R. 等（2018）通过建立两阶段网络数据包络分析寻找常用的权值集，以分析生态效率和生态创新的联合效应，进而评价生态创新效率。

然而传统的数据包络分析模型（Data Envelopment Analysis，DEA）在进行效率测算时容易出现多个效率值为 1 的决策单元，无法对效率值为 1 的决策单元进行排序和比较，为了弥补传统 DEA 模型的缺陷，现如今大多数学者使用超效率 DEA 模型对投入产出效率进行研究。超效率 DEA 模型与传统 DEA 模型的主要区别在于，在传统 DEA 模型的基础上将传统 DEA 模型中效率为 1 的决策单元进行细分，其有效决策单元的效率值有可能大于 1（Amirteimoori A.、Kordrostami S.、Khoshandam L.，2013）。因此，在超效率 DEA 模型中测算的效率值有小于 1 的决策单元，该决策单元处于 DEA 无效状态，同时也存在效率值大于或等于 1 的决策单元，该决策单元处于 DEA 有效状态，而对于效率值大于 1 的决策单元，也可以按照效率值大小进行排序，进而使得效率评价更为准确 。

2.2　相关理论

2.2.1　人力资本理论

20 世纪 60 年代，以西奥多·舒尔茨当选美国经济学会会长发表的题为"人力资本投资"的就职演说为标志，西方人力资本（Human Capital Management，HCM）理论宣告诞生，使得社会越来越重视人的发展，充分挖掘人类的生产价值。人力资本理论认为人力资本不同于物质资本，这种资本附着于人身上，不能独立存在，包括对人前期的教育投资、职业培训和机会机遇，这些资本对人类之后的生产创新有着重要作用。

2.2.1.1　人力资本的含义

人力资本是指在劳动者身上所具备的知识程度、技术水平、工作能力及健康状况，它们可以在不同程度上提高社会劳动生产率，促进社会经济增长，在生产过程中实现其价值增值并带来剩余价值，这种体现在劳动者身上的、以劳动者的数量和质量表示的非物质资本形态称为人力资本。其在一定程度上可以与物质资本形成互补的关系，因此，人力资本也逐渐成为主流的经济学。人力资本是多个经济学分支研究方向的交叉部分，涉及发展经济学研究方向、劳动经济学方向、区域经济学方向、经济增长理论、新制度经济学方向，这五个方向互相交叉、包含、重合、补充，从宏微观上细分人力资本的方方面面，从而使得人力资本的范围更加广泛。人力资本是相对于物质资本而言的，是一种生产要素，在现代经济发展中起到至关重要的作用。人力资本是一种特殊的资本，其特殊性表现在：一是人力资本由人持有并使用。人是人力资本的所有者，人在一定阶段通过对知识和能力的积累及锻炼，进而在以后的工作中运用积累的知识和能力实现自身的价值。人力资本作为特殊的商品，以知识形态方式存在，前期投入较大，投入周期长，但后期产生的收益同样较大，这种收益在满足自身需求的基础上为社会做出相应的贡献，然而收益的大小取决于人的主观因素，完全由人主导。因此，为了使人力资本发挥出更大的作用，我们应该对人进行一定的激励，促使人力资本发挥其最大的作用。二是人力资本与物质资本相辅相成，只有互相协调才能使企业正常运行。三是人力资本投资具有针对性。人力资本大部分是在特定的情况下进行投资，如为了获得某方面职业能力而进行的岗前培训。然而人力资本流失则体现在员工离职而造成的招聘成本、培训成本、生产损失成本等。

2.2.1.2　人力资本投资

人力资本投资的思想在古典经济学中就已经出现，是由威廉·配第（William Petty）于1676年提出来的，他认为人口差异是造成国家经济差异的最主要因素。而对人力资本的投资是指一个国家为了促进经济发展，通过对人才投入教育、技术支持、基础条件等方式，有针对性地为人才提供需要的技能培训，进而提高人才的利用价值。人力资本的受益方并不只是被投资人，而是双方，人才被进行资本投资后能提升自身的工作能力，发挥更大的价值，被投资者的能力提升可以为投资者带来更大的社会效益。然而，人力资本的投资并不只是短期行为，而是持续的过程。人力资本的投资前期受益小于后期，因此，大多数单位注重利益而忽略了人员投入，并且，现在的人力资本投入并不只是对其进行教育、技能培训，也包括为其营造良好的工作氛围、提供舒适的办公环境等。舒尔茨认为，经济学中的许多问题和疑惑都可以用人力资本投资来解释。舒尔茨同时指出，有形资本固然给欠发达国家带来益处，但是不应该忽略无形资本投资，人力资本投资对经济发展的影响更大，其质量好坏直接决定了经济发展的速度和高度（Theodore W. Schultz，1961）。因此，许多学者在人力资本投资方面做出了自己的研究。都阳（2015）研究了人力资本投资和生育率、死亡率和人力资本利用效率之间的互动关系。Grier（2002）分别选用拉丁美洲18个国家和非洲21个国家的数据进行人力资本和物质资本互动性的实证研究，强调知识和人力资本是经济增长的内在动力。一是提高人力资本即进行人力资本投资包括对人力资本进行健康医疗服务投资，保证人力资本的体质要求；二是对人力资本进行在职培训，以提升人力资本的专业水平和工作能力；三是对人力资本进行传统教育和职业教育，使之更符合市场需要；四是个人或家庭为工作机会而进行的迁移。主要针对年轻人力资本而言，迁移代表着更多的机遇，能有效促进个人的发展。

2.2.2　非均衡发展理论

在非均衡发展理论中，由于区域的经济发展、文化、基础设施、潜力等因素的差异性，导致了区域发展不均衡，按照区域发展差异，非均衡发展理论主要包括循环累积因果论、不平衡增长论、增长极理论三类。

2.2.2.1　循环累积因果论

循环累积因果论是指诸多因素之间相互作用、相互强化的关系，这些因素的变化是并行的、累积的（Grier R. G.，2005）。该理论是由著名经济学家 G. 缪尔达尔分析经济发展时提出的。循环累积因果理论认为，经济的发展产生和形成过程在空间上存在明显的不一致，它是由地理条件、人文环境、生活水平等因素统一决定的。如在沿海地区，由于地理位置的优越性，可以根据其优势设置通商口岸，从而促进经济发展。然而在西部地区，由于土地贫瘠、气候条件差，因此导致人们居住疏散，不利于形成良好的市场，从而抑制了经济发展。而在这种先天优势又进一步使得发展差距越来越大，最终导致贫富差距增大。这样的有利因素与有害因素的持续循环累积，加速了区域的不平衡发展，就形成了经济发达地区和经济落后地区。进而产生了两种相对的效应作用：一是回流效应。是指资源流向发达地区，形成发达地区的优势累积，从而产生"马太效应"。二是扩散效应。是指由于意识到发展的不平衡性，而采取援助的方式进而缩小区域间的发展差距，最终实现共赢。但是在实际发展过程中，回流效应往往大于扩散效应，最终加重"马太效应"，造成发展的极不均衡。因此，在我国经济发展的过程中，也提出了"先富带动后富"，从而缩小贫富差距。

在科技投入的过程中，也出现了投入不平衡的情况，西部地区科技投入远少于东部、中部地区，呈现了较大的投入差距，因而导致科研产出差距也较大，最终使得西部地区的科技创新能力弱于东部、中部地区，同样，在西部地区内部，各省份的投入产出也存在差距，对于西部地区内部省份四川省、陕西省和重庆市的科技投入高于青海省、宁夏回族自治区等。

2.2.2.2　不平衡增长论

不平衡增长理论认为，经济发展并不同时发生和进行，因此造成了区域经济的不平衡增长，产生经济差异。并且，经济的增长不可避免地伴随着增长极现象，因此我们在经济发展过程中，不能忽略区域差异。而不平衡理论中的"极化效应"和"涓滴效应"分别相对应循环累积因果论中的"回流效应"和"扩散效应"。该理论同样强调，虽然在区域经济发展过程中"极化效应"起主要作用且不可避免，但是在经济发展后期，我们应该重视"涓滴效应"，进而缩小区域间差异。不平衡发展理论是由于不同地区发展速度、发展条件的差异而造成的，产出也存在较大差异，在现有资源条件下，为了使有限的资源发挥最显著的作用，以保证国民经济的稳定增长，国家应该着力于提高科技资源的配置效率，对财力、人力和物力资源进行合理的分配和应用，并向重点产业倾斜。不平衡发展理论认为平衡是暂时的，且不是绝对的。区域经济要想发展，必定存在不平衡，区域经济发展的不平衡是发展的必然。

2.2.2.3 增长极理论

由于对于工业部门的投资是循序渐进、孤立分散地进行的，因此难以保证对经济增长产生有效的作用。因此，法国经济学家佩鲁认为不同地区均匀增长在经济发展史上几乎不可能。增长并不是出现在各个研究单元，而是在一些研究单元先出现，进而以不同的方式向外扩展，从而对整个组织结构产生巨大影响。佩鲁在提出增长极理论时强调的是规模上的扩大延伸，从而产生联动效应。布代维尔也从增长极理论中总结得出，该理论不仅在经济领域适用，而且对其他领域也有重要作用。增长极现象的出现不只受到经济因素的影响，还受到地理因素、人文因素等的影响。因此认为增长极是指在具有优势的发达地区或产业部门产生的。同时认为，在二元经济条件下，区域发展必然是不均衡的，然而，随着经济水平的日益提高，不均衡现象也在逐渐减弱，二元经济只是区域经济发展不可避免的过程，会逐渐向经济一体化阶段转移升级。增长极理论和不平衡增长理论的共同点是它们都会向差异较小的趋势移动，进而缩小贫富差距，实现经济共赢。

2.2.3 区域创新理论

2.2.3.1 创新理论

创新作为一种理论，可追溯到1912年美国哈佛大学教授熊彼特的著作《经济发展概论》。熊彼特在此著作中提出："创新就是利用新的方法将新的要素和条件结合起来。"创新理论使得熊彼特奠定了经济发展的特殊地位，成为经济演变中的重要成就。熊彼特在研究中发现，创新可以打破均衡状态下的经济体系，从而促进经济的发展。熊彼特的"第二次浪潮"理念就是创新浪潮的反映，需求和投资等的进一步膨胀和增加最终导致投资失败。由于不同的创新活动的周期不同，因此使得创新对经济的影响程度也不同，创新会经历一个逐渐成熟的过程并得到认同和应用，进而向创新扩散模式转化，而在创新扩散理论中最具代表性的是罗杰斯的研究，他的创新扩散理论处于主导地位，他认为创新扩散受到多种因素的影响。随着信息技术的快速发展对创新的影响也进一步加大，越来越受到研究者的重视，从而使得学者深挖技术创新的作用和影响，最终将创新最大限度地应用于实际的研究当中。创新的宗旨是以人为本，关注用户参与和价值目标的实现，这也是创新最大的突破点。

2.2.3.2 区域创新系统

区域创新系统（RIS）是由库克教授最早提出的，他将区域创新系统定义为政府、企业及高校等在限定区域内进行知识技术的获取而提供的系统以达到异质性技术的发展。其实质是为了促进知识、人才和资源的流动而使系统内各要素之间相互作用，以推动新产品、新技艺的形成，从而实现创新。迄今为止，区域创新理论已经得到成熟的验证和发展，创新系统理论也日益完善，形成了基本的理论框架，但是仍然存在概念界定问题；另外，区域创新系统方面的研究是现阶段研究的主要关注点，对科技创新发展具有重要的作用。区域创新系统是复杂完整的体系，各要素之间相互作用，相辅相成，缺一不可（龙海雯、施本植，2016）。

2.2.3.3　区域创新思想

创新方面的研究起始于经济地理学，用于研究技术创新与空间之间的关系、高新产业集群的发展、创新的区域效应等。Feldman 在研究中提出，知识的空间定位有利于减小信息搜寻过程中的不确定性，而创新则是由多种不同的空间因子决定的复杂网络结构，进行区域创新模式研究和能力评估一定程度上为一国或地区的发展提供了强有力的基础。然而传统的创新方面的研究只是局限于与创新主体之间的关系，研究创新主体对经济发展所起的作用，对创新与地理之间的关系研究较少。随着科技的逐渐发展，1990 年后开始将地理位置与创新结合起来，而对于地理位置的划分则以国家为划分标准，进而转向更小规模的位置划分。英国学者 Freeman 提出国家创新系统（National Innovation System，NIS）的概念，并将其定义为一个国家中所有部门的机构组合在一起，机构之间通过相互合作从而促进了创新活动的进行。有学者将国家创新系统分为三方面进行解释，因此衍生了不同的理论学派，如弗里曼的 NIS 理论、纳尔逊的 NIS 理论、波特等的 NIS 理论等。

学者利用不同经济学派视角揭示经济在社会推动作用下的发展，以及所形成的理论体系，然而，对于处于不同发展阶段的地区而言，经济的发展对其有着重要的影响，熊彼特所构建的创新理论体系是相当完整的，提出了一些全新的问题，也为经济科学的发展指出了新的方向。

2.2.4　投入产出理论

投入产出法创立于 20 世纪 30 年代，由美国哈佛大学教授里瓦惕夫首先提出。投入产出分析在国际上有各种名称，如"部门联系平衡法""投入产出分析""投入产出技术"等。投入产出分析是研究国民经济各部门、再生产各环节数量依存关系的一种方法。并用于政策模拟、经济分析、经济预测、经济控制和计划制定等方面（Feenstra R. C.、Sasahara A.，2017），西方的投入产出分析的理论基础是全部均衡理论。投入产出模型假定产业结构，包括技术和配置关系在一定时间内相对稳定，据此可以基于投入产出分析对产业的发展现状及趋势做出判断。投入产出分析中的投入是指用于社会生产中的生产要素的消耗使用，包括原材料、劳动力、机器设备的磨损和折旧等（李秀婷、刘凡等，2014）。投入分最初投入和中间投入。根据产品生产的价值构成，中间投入为除固定资产之外的转移价值，最初投入为增加值，包括固定资产的转移价值和新创造的价值。投入产出分析中的产出是指社会的成果被分配使用的去向。产出分中间产出和最终产出，中间产出是指生产过程中使用的产品，最终产出是指当期离开生产过程被用于投资、消费和出口的产品。

投入产出分析主要包括三部分内容：第一部分是投入产出表。投入产出表是投入产出分析方法的基础，投入产出表清晰地反映了投入与产出之间的数量关系。投入产出分析是否准确，在很大程度上取决于投入产出表的准确程度。第二部分是投入产出数学模型。投入产出模型则是利用矩阵代数的形式建立数学模型，以分析生产过程中的投入产出。其模型有很多类型，可以按照经济内容、区域范围、生产方式等维度进行分类。而通过区域范围可以将投入产出模型分为全国投入产出模型、地区投入产出模型、地区间投入产出模型等（Tsaur R. C.、Chen I. F. 等，2016）。第三部分是投入产出分析的应用。投入产出分析法广泛地应用于各类学科，如数学、经济、管理等。投入产出分析是通过建立投入产出表和投入产出模型，做出各种经济性分析，并进行经济预测，为经济发展和政策分析提供现实依据（Iskandar D. D.，2017）。综上所述，投入产出表、投入产出模型以及投入产出分析的应用是代表投入产出分析中的重要步骤：投入产出表是基础，投入产出模型是进行投入产出分析的关键环节，投入产出分析的应用是将其应用于实际的生产活动当中。本书将投入产出分析方法应用于西部地区的科技投入产出当中，以探究西部地区科技投入绩效。由于现如今，更多学者关注于科技投入产出效率的测度，科技创新投入产出效率主要表现为在一定的科技创新投入规模下，所能获得的最大科技创新成果产出，或者是以一定的科技创新成果产出为前提，所需最少科技创新投入（王庆金等，2018）。因此，本书在投入产出分析的基础上，建立数据包络模型进行投入产出效率分析，以探究西部地区科技投入绩效水平。

西部地区科技投入及绩效评价
存在问题的分析

通过文献综述和相关概念理论的归纳总结，本章主要根据科技投入产出的现状分析，发现西部地区科技投入及绩效评价方面存在的问题，并从中分析存在这些问题可能的原因，为提升西部地区科技投入绩效提供参考。

3.1 东中西部地区科技投入产出的现状对比

3.1.1 科技投入现状

3.1.1.1 科研经费投入现状

对科研经费的研究根据活动类型进行划分，分为基础研究、应用研究、试验发展三个方面。基础研究是科技创新的起点，为科技创新活动提供原动力，进一步促进科技活动的开展，促进产业转型升级，在科技创新经济收益的提高中发挥至关重要的作用。应用研究则是将基础研究中总结的经验和新知识应用于研究活动中。试验发展研究是科技创新活动的执行环节，是进行创新活动的中坚力量，决定着创新活动实施的效果。

（1）分地区科研经费投入。由图3-1、图3-2、图3-3可知，从总体上看，基础研究的经费投入远远小于试验发展研究的经费投入，试验发展研究经费是基础研究经费的近5倍，东部、中部、西部地区呈现试验发展研究>应用研究>基础研究的经费投入状况，但是，从增长趋势上看，2009~2016年东部、中部、西部地区的经费投入逐年递增。从各地区看，西部地区2009年基础研究经费投入为476237万元，2010年基础研究经费投入增长率为12.41%，2016年为1787095万元，增长了近4倍，较2016年同比增长了58.6%；应用研究经费投入在 2009 年为 1570957 万元，2010 年投入为 1824421 万元，增长率为 16.1%，2011 年经费投入为 2007530 万元，增长率为 10.0%，比 2010 年增长率下降了 6.1 个百分点，2012 年 1997444 万元，小于 2011 年经费投入，因此，在 2012 年同比降低了 0.5%，增长率为负，降低了 10.5 个百分点，由此可以得出，西部地区应用研究增长率在 2009~2012 年逐年递减；西部地区试验发展研究在 2009 年经费投入为 5187264 万元，2016 年经费投入为 15594245 万元，7 年的增长量为 104406981 万元。东部地区 2009 年的基础研究经费投入额为 1693805 万元，约是同年西部地区基础研究经费投入的 3.6 倍，2010 年基础研究经费投入为 2177755 万元，增长率为 28.57%，高于西部地区 2010 年增长率；东部地区应用研究 2009~2016 年逐年递增，增长量分别为 1179039 万元、960086 万元、1032844 万元、562796 万元、833221 万元、1336694 万元、584608 万元，从增长量可以看出 2013 年增长量最小；东部试验发展研究 2014~2015 年较 2009~2014 年增长幅度变小了，但是 2015~2016 年又发生了转折，增长幅度变大。中部地区在 2009 年基础研究经费投入为 531182 万元，应用研究为 533191 万元，差距不大，2009~2013 年基础研究的经费投入逐年递增，但是在 2013 年发生了转折，2014 年的经费投入小于 2013 年的经费投入，应用研究的经费投入增长趋势在 2014 年发生转折，2015 年应用研究经费投入值小于 2014 年的投入值；中部地区 2009~2016 年试验发展研究的经费投入呈现持续增长的趋势，并且 2016 年的增长量最大，达到 1960083 万元。

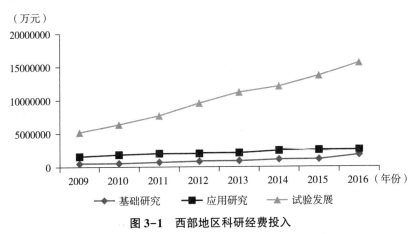

图 3-1　西部地区科研经费投入

（2）西部地区分活动类型科研经费投入。由图 3-4 可知，西部地区科研经费投入呈上升趋势，但是内部各省份科研经费投入略有波动，2014 年四川省基础研究科技经费投入达到最大值，增长率为 44.31%，2015 年又呈相似下降趋

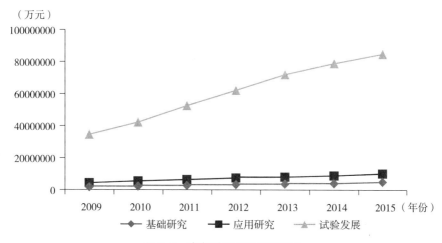

图3-2　东部地区科研经费投入

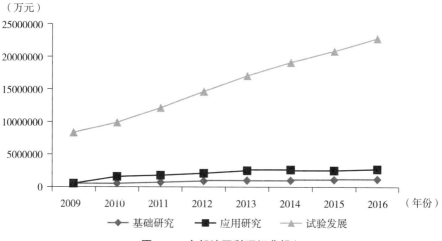

图3-3　中部地区科研经费投入

势，较2014年下降了70.14个百分点，然而四川省在样本期间内总体呈上升趋势。陕西省基础研究科技经费投入居西部地区经费投入第二位，呈缓慢增长趋势。云南省、甘肃省、广西壮族自治区、重庆市的基础研究投入相差不多，2009~2012年重庆市基础研究科研经费呈倒"U"形增长，基础研究经费投入最少的省份是宁夏回族自治区，最高经费投入年份为2016年，投入金额为24399万元，与四川省相差近12倍，科研投入差距较大，内蒙古自治区基础经费投入略高于宁夏回族自治区。由图3-5可知，西部地区各省市应用研究经费投入和基础研究经费投入次序相似，四川省应用研究经费投入仍然处于第一位，投入波动较大，在2009~2012年和2013~2016年两个区间内呈倒"U"形增长，而陕西省应用研究科研经费投入呈"阶梯式"增长，2011~2012 年应用研究经费投入略有下降，但 2012~2016 年保持持续增长的趋势，也说明陕西省越来越重视科技创新。2009~2016 年，重庆市呈现"先增长、再下降、再增长"的趋势。而宁夏回族自治区经费投入较少，在 2009~2016 年样本区间内，应用研究经费增长两倍多。其他地区应用研究经费投入波动不大，投入水平相对于四川省和陕西省较低。由图 3-6 可知，对于试验发展经费而言，西部地区整体保持增长趋势，四川省、陕西省、重庆市 2009~2016 年试验发展研究经费保持持续上升，四川省 2016 年达到 4592124 万元，2009~2011 年陕西省和四川省的增长趋势相同，在 2011 年以后，陕西省增速小于四川省。云南省在 2009~2014 年试验发展研究经费投入低于广西壮族自治区，然而在 2015 年以后试验发展研究经费投入大于广西壮族自治区，但两个省份经费投入都保持上升趋势。甘肃省、贵州省、新疆维吾尔自治区三个省份的经费投入相差不大，而青海省和宁夏回族自治区仍然处于西部地区的最后，投入水平较低，宁夏回族自治区略高于青海省。

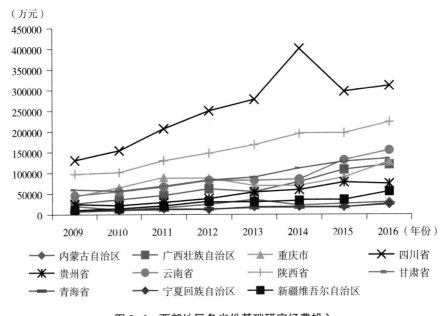

图 3-4　西部地区各省份基础研究经费投入

3.1.1.2　科技人力资本投入

科技人力资本在科技创新活动中发挥着重要作用。科技人力资本的质量决定着科技活动开展实施过程的效率和质量，人力资本的投入不仅包括对科技人员知

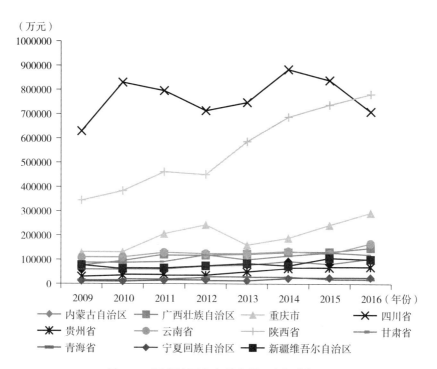

图 3-5 西部地区各省份应用研究经费投入

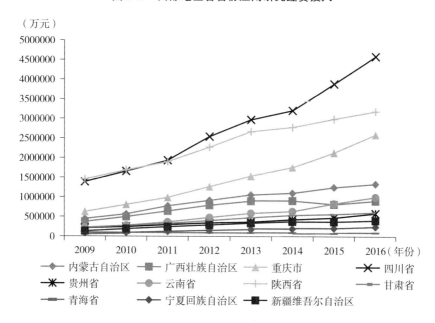

图 3-6 西部地区各省份试验发展研究经费投入

识和技能的投入，还包括对科研人员科研环境的改善、心理需求的满足、物质上的激励。因此，人力资本的投入是我国进行科技创新活动的执行者，起决定性作用，也是促进经济转型和结构升级的有力支持。人力资本投入不仅是保障国民经济稳定、持续、健康发展的长期动力支持，也是经济结构转型和优化升级的强有力支撑条件。科研人员是我国进行科研活动、实现科技创新的中坚力量，在促进我国科技发展过程中起着重要作用。

（1）按执行部门分类。2016 年按执行部门如企业、研究与发展机构、高等学校等，将全国研究与试验发展（R&D）人员全时当量分为基础研究、应用研究、试验发展。由图 3-7 可知，基础研究的 R&D 人员全时当量中用于企业的占基础研究总量的 2%，用于高等学校的和研究与发展机构分别占总量的 61%、31%，而用于其他方面的占 6%；而与此相反，试验发展中企业的 R&D 人员全时当量所占比重高达 92%，研究与发展机构占到 6%，而高等学校只占 1%；在应用研究中，R&D 人员全时当量的分配较为合理，39% 用于高等学校，29% 用于研究与发展机构，而企业也占到总量的 19%。

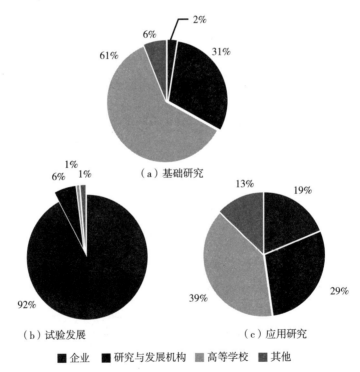

图 3-7 2016 年按执行部门分全国研究与试验发展（R&D）人员全时当量

（2）按地区分类。由图 3-8 可知，从总体趋势上看，2009～2016 年我国 R&D 人员全时当量总体上呈上升趋势，但是，在基础研究上所占比例极小，在试验发展上的投入较多，投入分布过于两极化；分地区看，东部地区>中部地区>西部地区，东部地区试验发展的 R&D 人员全时当量几乎是西部地区的 6～8 倍，差距较大。并且，东部地区试验发展在 2016 年达到最大值 3014054 万人/年，与 2015 年相比，同比增长了约 39.9%，中部地区和西部地区在试验发展上 R&D 人员全时当量变化不是很明显，同比增长了 2.1% 和 4.9%。在基础研究上，东部地区的 R&D 人员全时当量约为中部地区和西部地区的 3 倍，与 2015 年相比，西部地区同比增长了 4.1%。

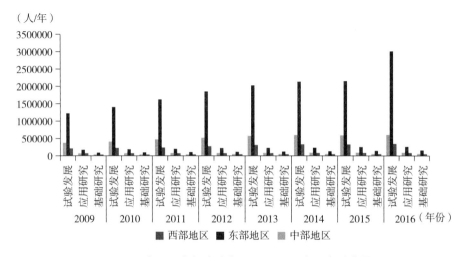

图 3-8　全国研究与试验发展（R&D）人员全时当量

（3）西部地区分活动类型人力资本投入。由图 3-9 可知，2009～2016 年，虽然各省市地区基础研究中科研人员全时当量有所波动，但总体呈上升趋势。四川省基础研究科研人员全时当量整体处于西部地区首位，2014 年达到人员投入最大量 12202 人/年，2014 年后科研人员全时当量有所下降，2016 年增长率为 -5.67%，比 2015 年降低了 0.04 个百分点。基础研究科研人员全时当量处于第二位的陕西省在样本期间内呈"阶梯式"增长，2016 年科研人员全时当量为 9114 人/年，然而，西部地区基础研究科研人员全时当量最小的青海省在样本区间内，2016 年达到全时当量最大值 814 万人/年。贵州省与广西壮族自治区科研人员全时当量变化趋势相似，在 2013 年出现拐点。由图 3-10 可知，西部地区各省份应用研究科研人员全时当量与基础研究排名几乎没有区别，仍然是四川省和陕西省处于科研人员全时当量的第一、第二位。并且四川省 2014 年应用研究科研人员全时当量达到最大值，同时也说明，四川省在 2014 年迅速加大了科研经费投入。然而，2014 年广西壮族自治区、云南省、新疆维吾尔自治区应用研究科研人员全时当量都有所降低。2009~2016 年陕西省的应用研究科研人员全时当量变化幅度较小，2016 年增长率为 3.16%，比 2015 年增长了 2.5 个百分点。而青海省与宁夏回族自治区的人员投入趋势几乎重合，处于西部地区各省份人员投入量的后两名。由图 3-11 可知，对于试验发展研究而言，西部地区科研人员全时当量排名前三的省市地区分别是四川省、陕西省、重庆市。四川省呈先下降后增长的趋势，而重庆市科研人员全时当量持续增长，青海省的试验发展科研人员全时当量又处于西部地区最低水平，并在 2012 年后有下降趋势。从图 3-9、图 3-10、图 3-11 综合分析可知，四川省处于西部地区科技人员投入的最高水平，其次是陕西省，广西壮族自治区和云南省的基础研究和应用研究略高于重庆市，试验发展研究投入则低于重庆市，说明重庆市注重试验发展，对基础研究关注度不够。处于中等水平的省份有贵州省、甘肃省、内蒙古自治区，而宁夏回族自治区和新疆维吾尔自治区的科研人员投入水平较低，后期也应该进一步增加部分省份的科研人员投入，加大人才引进力度，壮大科研队伍，提高科研能力。

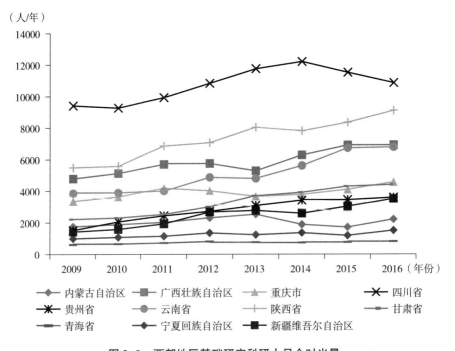

（人/年）

图 3-9　西部地区基础研究科研人员全时当量

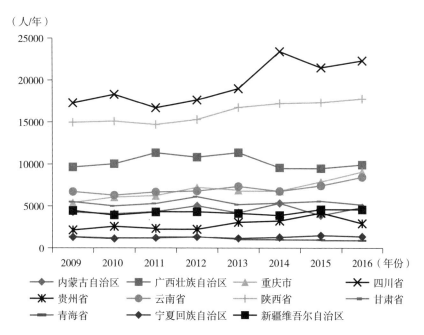

（人/年）

图 3-10 西部地区应用研究科研人员全时当量

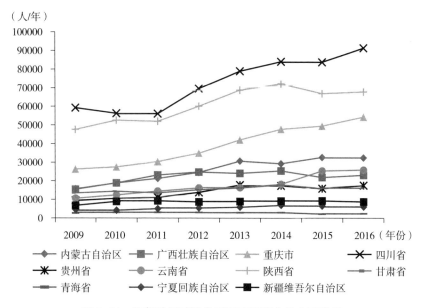

（人/年）

图 3-11 西部地区试验发展研究科研人员全时当量

3.1.2 科技产出现状

3.1.2.1 科技直接产出

（1）国内专利申请授权数。从图 3-12 可以看出，2007~2016 年东部、中部、西部三地区国内专利申请授权数的对比可知，全国专利申请授权数量整体在逐年递增，东部地区有所波动，中部、西部地区都持续增加。东部国内专利申请授权数在 2007 年已经超过西部地区 2016 年国内专利申请授权数 6754 项，同时，东部地区 2016 年国内专利申请授权数达到 2281209 项，比西部地区 2016 年其项数多近 5 倍。而中部地区与西部地区在国内专利申请授权数的增长及历年数值上近乎同步，2016 年，中部地区国内专利申请授权数有 564897 项，比西部地区多 130497 项，由此可知，我国东部、中西部地区的科研产出在专利申请授权数上存在较大差距，分布极不均衡。由图 3-13 可知，从西部地区内部整体来看，2007~2016 年各省份国内专利申请授权数量持续上升。四川省在西部地区的专利申请授权数量居第一位，2016 年，其专利授权数量占西部地区总专利申请授权数量的 32.81%，然而，西部地区专利授权量最少的省份青海省占西部地区总量的 0.60%，两省份相差较大。除四川省、陕西省、重庆市、广西壮族自治区外，西部地区其他省份 2016 年专利授权量均低于 50000 项，专利申请授权数量少，且西部地区内部各省份差距较大。

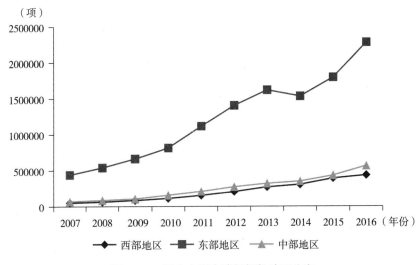

图 3-12 国内专利申请授权数地区分布

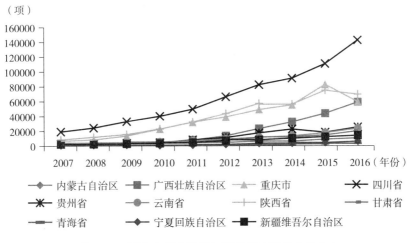

（项）

图3-13　国内专利申请授权数西部地区各省份分布

（2）三大检索科学论文数。由图3-14、图3-15、图3-16可知，就西部地区而言，发表SCI、EI、CPCI-S最多的省份是陕西省，论文总数为28572篇，较2014年增长了15.76%，增长幅度较大。居第二位的是四川省，论文总数为21581，与陕西省相差6991篇，而青海省和宁夏回族自治区则是西部地区三大检索科学论文数最少的两个地区，论文总数分别为309篇、454篇，区域内论文产出差距较大。就东部地区而言，北京市的三大检索科学论文数量最多，论文总数达到93502篇，是西部地区论文产出最多省份陕西省的3.27倍，而东部地区科学论文产出最少的省份为海南省，论文数量为886篇，大于西部地区论文产出最少省份。然而，对中部地区三大检索科学论文数量研究发现，中部地区各省份总体而言论文产出水平较高，湖北省论文数量为26789篇，居第一位，而中部地区论文数量最少的省份为江西省，数量为5638篇，大于西部、东部地区，并且在研究中发现大多数省份SCI>EI>CPCI-S论文数量，只有黑龙江省EI>SCI。

3.1.2.2　科技经济产出

（1）新产品销售收入。由图3-17东部、中部、西部地区高技术产业新产品平均销售收入分布图可知，呈现出东部地区>中部地区>西部地区的规律，东部地区高技术产业新产品平均销售收入远大于中西部地区，2016年增长率为18.13%，较2015年增长了5.62个百分点，中部地区2016年的销售收入是西部地区的3.01倍，较2015年增长9.07%，而西部地区2016年增长率为4.60%，较2015年下降了42.58个百分点，西部地区新产品平均销售收入增长变缓。就西部地区高技术产业新产品销售收入内部省份研究可知，除陕西省、四川省、

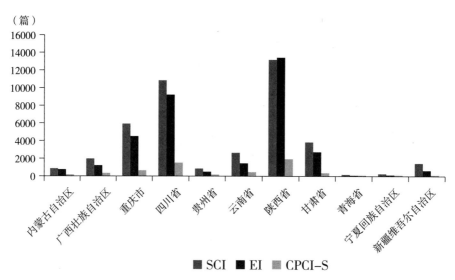

图3-14 2015年西部地区三大检索科学论文数

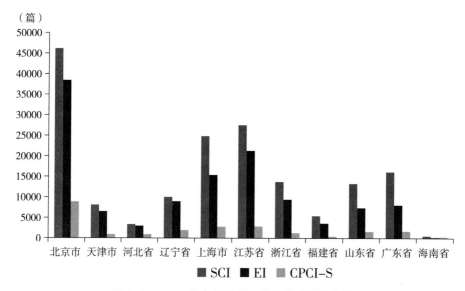

图3-15 2015年东部地区三大检索科学论文数

重庆市三个地区的销售收入变化幅度较大外，西部地区其他省份销售收入变化趋势相近，变化幅度较少。2009~2016年，陕西省呈现上升的趋势。2015年，重庆市的销售收入剧增，增长额为8520507万元，增长率为186%，而四川省销售收入却有略微下降，减少额为16933万元。2009~2011年，四川省呈现先下降后上升的趋势。

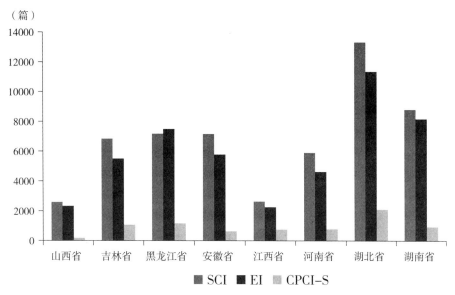

图 3-16 2015 年中部地区三大检索科学论文数

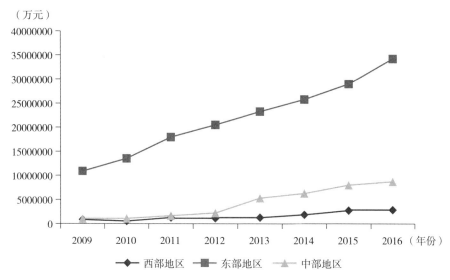

图 3-17 东部、中部、西部地区高技术产业新产品销售平均收入分布

（2）技术市场成交额。如图 3-19 所示的东部、中部、西部地区技术成交额的柱形图可知，东部地区的技术成交额最大，中西部地区的技术成交额相差不大，2016 年东部地区技术成交额是中西部技术成交额的 2.38 倍，2015 年是中西部的 2.41 倍，可知中西部地区技术成交额与东部地区总体上差距逐渐缩小，2007 年西

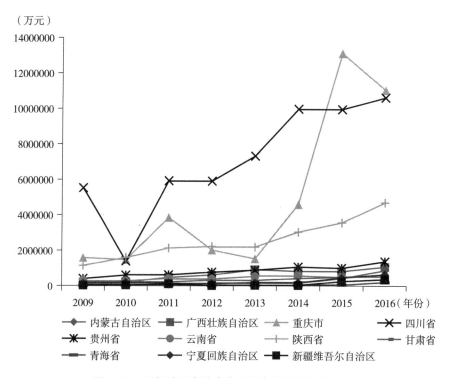

图 3-18　西部地区高技术产业新产品销售收入分布

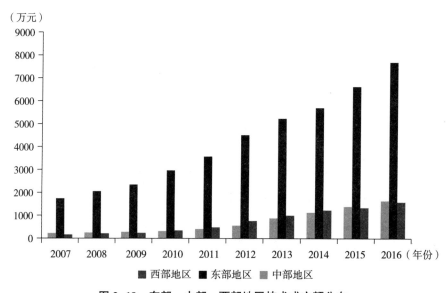

图 3-19　东部、中部、西部地区技术成交额分布

部地区技术成交额只有 162 亿元, 到 2016 年增长到 1590 亿元, 增长近 10 倍, 东部地区 2007 年已经超过了西部地区 2016 年的技术成交额水平, 但是到 2016 年增长到 7692 亿元, 是 2007 年的 4.4 倍。由图 3-20 可知, 西部地区各地区技术成交额呈现出较大的两极分化, 2007~2010 年陕西省缓慢上升, 2010~2016 年上升幅度较大, 2016 年的增长率为 11.2%, 并且远大于西部地区其他省份, 四川省技术成交额居于第二位, 但与陕西省差距较大, 2016 年成交额为 299.3 亿元, 约是陕西省的 1/2.5, 其他省份成交额较小, 且变化幅度较小。

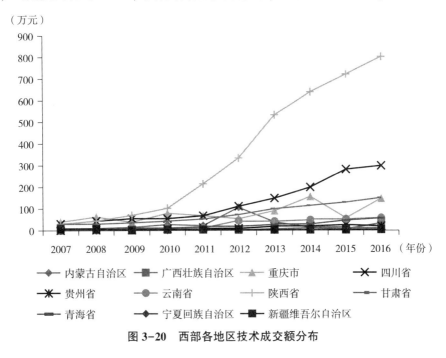

图 3-20 西部各地区技术成交额分布

3.2 西部地区科技投入存在的问题

3.2.1 科研经费投入不合理

3.2.1.1 经费投入存在 "马太效应"

由科技投入产出现状分析可知, 2009~2016 年, 我国西部地区三种活动类型的科研经费投入逐年递增。然而，西部地区除重庆市、四川省、陕西省、甘肃省外，其他省份的科研经费投入强度均小于1；在东部地区，只有海南省科研经费投入强度小于1，其他省份均在1以上，甚至有些省份达到了3以上，北京市在2015年科研经费投入强度达到了6.01，是所有省份的历年最高值。而东西部地区的科研投入强度也存在较大差距。由此可以看出，东部、中部、西部地区科研经费投入强度有明显差距，经费投入集聚在东部地区，东部地区形成了明显的资源优势，最终使得科研活动的开展也集中在东部地区；而西部地区由于科研经费投入强度小，科研人员大批流出，导致无条件开展科研活动，最终形成科技资源的"劣势累积"，东西部地区科研经费投入强度的"马太效应"逐步加强。2016年，地方科技经费内部支出最高的前三名分别为广东省20351440万元、江苏省20268734万元、山东省15660904万元；科技经费内部支出较低的省份分别为青海省139977万元、海南省217095万元、宁夏回族自治区299269万元；地方科技拨款绝对额最高的广东省是青海省的近146倍；从东部、中部、西部财政科技投入来看，地方财政科技投入绝对额及其占财政总支出的比例较高的地区大多为东部地区的10个省份，而绝对额和比例都较低的省份多集中于西部地区，中部省份基本处于中间水平，这与我国地域之间的经济综合水平差距是基本一致的。东部地区基础研究投入处于第一位，而中部地区基础研究投入低于西部地区。虽然东部地区基础研究投入仍然低于应用研究与试验发展研究，但是东部地区经济发展较快，有充足的科技经费用于科学研究，可以解决基础研究投入不足的问题，相比于东部地区，西部地区由于经济发展慢于东部地区，因此，大量的财政资金用于基础设施建设中，而对科研经费的投入较少，基础研究是一种前期投入较大、投资收益周期较长的活动，因此为了提高西部地区的科研水平，不仅应该将焦点聚集在具有明显经济效益的研究活动中，还应该提高基础研究方面的投入。

3.2.1.2　投入结构类型不合理

《中国科技统计年鉴》数据显示，科技投入也仅限于科研经费投入、人力资源投入和基础设施投入，投入类型较少，没有充分考虑科研人员在科研活动中的一些隐性需求，而只将投入聚焦在硬性条件上。并且按类别分为基础研究、应用研究、试验发展，进行研究时发现，对于基础研究的投入极少，大部分的科技资源都集中了试验发展，但是基础研究是我国科技发展的灵魂，是科研人员进行创新的必要前提。针对科研经费按活动类型进行分析可知，2016年西部地区基础研究经费为1787100万元，比2015年增加了660000万元，增长率为58.56%，占该地区科研经费总量的8.97%，占全国基础研究经费总量的15.63%，基础研究投入较低；而试验发展研究的经费投入占该地区经费投入总量的 78.27%，经费投入差距较大。从执行部门科研经费投入来看，投入经费中政府资金所占比例较为稳定，截至 2016 年，我国总经费投入为 156770000 万元，比 2015 年增加 15070000 万元，增长了 10.64%，其中政府资金 31408000 万元，比 2015 年增长了 1276000 万元，同比了增长了 4.23%；占全社会经费比重为 20.03%，比 2015 年下降了 1.24 个百分点。科研经费投入集聚在政府资金和企业资金，西部地区政府资金占科研经费总量的 34.2%，其他资金和国外资金的投入仅占科研经费总量的 4.13%，投入比例较低。

3.2.1.3 经费投入所带来的产出较低

从科技产出现状的分析中可知，科技产出分为直接产出和间接产出，在直接产出中，2016 年，国内专利申请授权数为 3280506 项，比 2015 年增长了 664132 项，增长率为 25.38%，西部地区为 434400 项，占全国专利申请授权数的 13.24%，比 2015 年下降 1.69 个百分点，东部地区为 228120 项，占 2015 年的 69.54%，同比增长了 27.19%；中部地区为 564897 项，占全国专利申请授权数的 17.22%，西部地区专利申请授权数所占比例最小，与东部地区差距较大。就三大检索科学论文数量而言，以西部地区为例，发表 SCI、EI、CPCI-S 最多的省份是陕西省，论文总数为 28572 篇，较 2014 年增长了 15.76%，增长幅度较大。居第二位的是四川省，论文总数为 21581 篇，与陕西省相差 6991 篇，而青海省和宁夏回族自治区则是西部地区三大检索科学论文数最少的两个省份，论文总数分别为 309 篇、454 篇，区域内论文产出差距较大。而北京市的三大检索科学论文数量最多，论文总数达到 93502 篇，是陕西省的 3.27 倍。中部地区论文数量最少的省份为江西省，数量为 5638 篇，是青海省和宁夏回族自治区的 7.39 倍，大于西部地区。从经济产出中新产品销售收入可知，东部地区>中部地区>西部地区，东部地区高技术产业新产品平均销售收入远大于中西部地区，2016 年增长率为 18.13%，较 2015 年增长了 5.62 个百分点；中部地区 2016 年的销售收入是西部地区的 3.01 倍，较 2015 年增长 9.07%；而西部地区 2016 年增长率为 4.60%，较 2015 年下降 42.58 个百分点，西部地区新产品平均销售收入增长变缓。从技术市场技术输出地域合同金额来看，2007~2016 年东部、中部、西部地区技术成交额逐年递增，但是西部地区、中部地区与东部地区差距较大，2016 年中部、西部地区成交额总和还不到东部地区的 1/2，从历年技术成交额的增长率来看，东部地区的增长率波动最小，中西部地区成交额增长率波动较大，但是 2016 年，东部、中部、西部地区增长率较小，分别为 16%、18%、18%，西部地区较 2015 年增长了 9 个百分点，东部地区增长率与 2015 年相同，中部地区较 2015 年下降了 5 个百分点。因此，西部地区的科技产出量明显低于中部地区和东部地区。

3.2.2 科技人力资本利用效率低

3.2.2.1 人力资本投入不足

由图3-8可知,西部地区R&D人员全时当量明显低于东部地区和中部地区,2016年西部地区R&D人员全时当量为487921人/年,东部地区为3432995人/年,中部地区为756023人/年,西部地区R&D人员全时当量最低,约是东部地区的1/7,人力投入较少。2016年,西部地区R&D人员全时当量增长率为4.6%,较2015年上升了4.06个百分点,但是较2014年下降了1个百分点;东部地区R&D人员全时当量增长率为34.5%,较2015年增长率上升了32.4个百分点,2015年增长率较2014年下降了3个百分点,中部地区R&D人员全时当量2016年增长率为2.43%,2015年增长率为-0.7%,上升了3.13个百分点,从数据可知,2016年东部地区R&D人员全时当量最大,西部地区最小;东部地区增长率最大,但是中部地区增长率低于西部地区,增长率最小。在科研人员中,博士为378527人,占9.9%;硕士为845018人,占22.1%;本科为2607369人,占68%。而西部地区博士人数为59954人,东部地区博士人数为239082人,中部地区博士人数为79491人,说明我国科研人员的高学历人才较少,高学历人才主要集中在东部、中部地区,西部地区高学历人才较少,大部分科研人员的学历为本科。

3.2.2.2 科研人员的科技创新能力较弱

西部地区人力资源丰富,但是整体创新能力不高。这是因为西部地区科研人员的学历水平普遍低于东部、中部地区,高素质人才倾向于优质的科研资源和科研环境进而大部分转向东部地区以寻求更好的科研平台和发展机会,从而导致西部地区高质量的科研人才大量流失,最终造成西部地区科技创新能力薄弱,科技创新动力不足,科技创新成果较少。2016年,西部地区科研人员占全国科研人员总数的13.88%,拥有博上学历的科研人员只占该地区科研人员总量的7.41%,而拥有本科学历的科研人员占总量的45.58%。根据现有数据发现,我国科技创新水平在全世界处于中等水平,截至2016年,西部地区研发机构数量为1000所,高等学校数量为661所,高技术产业企业3535家,只占全国高技术产业企业数的11.48%,处于全国中低水平。除此之外,科研人员只关注论文数量而忽视了对论文所带来的实际价值的评价,使得部分科研人员只关注期刊级别和论文数量,为了论文奖励而发论文,论文内容脱离实际,学术造假、抄袭和数据编造等现象频发,从而削弱了科研人员的科技创新能力。

3.2.2.3 科技人力资本分配不均衡

科研资源的不均衡分配，在一定程度上延缓了科研事业的发展，阻碍了科研活动的开展与实施。从全国的科技人力资本分配上看，2016 年西部地区科研人员总数占全国科研人员总数的 13.88%，并且女性科研人员只占到西部地区科研人员总数的 29.41%，不足科研人员总数的 1/3。青海省科研人员总数为 7378 人，占西部科研人员的 0.9%；而西部地区科研人数最多的省份为四川省，科研人员为 214761 人，占西部地区科研人员总数的 26.48%，科研人数相差较大。从科研人员结构来看，西部地区科研人员的学历集中在本科及硕士学历，拥有博士学历的科研人数只占西部科研人数的 7.41%，西部地区内部各省市地区的科研人员结构构成也存在较大差异，重庆市、四川省、陕西省作为西部地区的科研大省，科研人员博士学历人数分别占该省市地区科研人数的 7.27%、7.60%、7.33%，而本科学历科研人员人数占比达到 47.27%、46.31%、45.47%。按执行部门进行分类来看，就工业企业而言，占西部地区科研人数总数的 52.36%；对于研发机构，科研人员数量只占 13.71%；对于科研人员培养的主力军，高校和研发机构与企业科研人数分配不均衡，这也是西部地区科研发展缓慢的原因。

3.3 西部地区科技投入绩效评价存在的问题

目前，西部地区虽然科技投入与产出在逐年递增，内部各省份的科技发展也有所改善，然而，西部地区科技投入与产出与东部、中部地区相比仍然差距较大。在既有研究中，对西部地区科技绩效评价也存在较多问题，具体包括以下三点：

3.3.1 绩效评价指标选取不准确

近年来，随着科技发展的日益迅速，绩效衡量指标日益多元化，但是，西部地区有的评价指标仍局限在表面上，未真正建立起切实有效的评价指标体系，指标之间评价跨度小，用一个指标衡量多种维度，无法体现指标的多元化和科学性。对遇到的具体问题，无法界定清楚指标的界限和标准，对绩效评价的实施有严重的误导作用。一方面，绩效评价指标应该尽可能全面广泛，但是对于一些难以量化的指标，有的科研人员采取造假等方式进行衡量，从而削弱了绩效评价的可靠性和准确性。另一方面，在进行指标选取的过程中，衡量指标的选择不全面，使得研究毫无进展，并且在界定指标时，偏向于选取笼统的指标，对指标无精确细分，没有体现研究的特点和目的，缺乏针对性。绩效评价指标不合理还体现在对科技投入绩效进行评价时，指标选择两极化，定量指标和定性指标不能有效协调，或者评价指标选取不准确，缺乏客观性。过于关注对历史发展情况的总结评价，缺乏预测性、发展性的评价，偏重于对现有科技活动绩效的测量与评价，而没有对未来的科技活动进行发展性评价，缺乏预测能力，不能帮助科研工作者把握科技前沿动态，进而做出准确的决策，提高科技投入绩效。

3.3.2　绩效评价结果反馈的运用较差

绩效评价是一整套评价体系，各部分互相作用、相互联系、缺一不可。在绩效评价过程中涉及很多方面，因此，保证绩效评价的有效性是进行绩效评价的重要原则，对提升绩效具有借鉴意义。科技投入绩效评价是完整的一套体系，与很多方面联系紧密，但是如果没有制度的约束和保障，绩效评价就毫无意义，绩效评价必须在制度的保障下实施、推广，以受到制度的规范。然而，由于科技项目的种类和包含的子项目较为复杂，很难界定其评价范围，政府部门制定的相关制度并不能全部包含，因此并没有对绩效评价完全起到规范作用，导致绩效评价结果缺乏实际性，进而使得绩效评价结果在运用时没有达到预期效果。在西部地区开展的科技活动过程中，对前期科技活动绩效评价结果的应用效果较小，从而使得评价结果没有发挥其重要作用，使得绩效评价工作流于形式，对问题的评价只停留于绩效评价结果，而没有对其有实质性的解决。并且，西部地区的绩效评价多是借鉴其他地区的经验，而缺乏自身的绩效评价特色，从而使得绩效评价不符合实际情况，只是解决了普遍存在的问题，而对西部地区独有的问题尚未发现或者无法提出更好的解决措施。

3.3.3　绩效评价指标体系不完善

科技绩效评价的完整体系包括绩效评价指标的确定、绩效评价方法的选择、绩效评价结果的应用。然而，西部地区的绩效评价体系并不能完整地包含所有方面，未系统地将绩效评价体系应用于实际的绩效评价中，评价缺乏科学性，如在研究科技投入区域经济发展方面的作用时，只是笼统地将科技投入绩效进行评价分析，缺乏区域层面的科技绩效评价。当前，现有的绩效评价体系在指标选择方面存在较大问题，指标的选择主观性较强，而未对实际问题进行调查，只是根据已有的绩效评价指标进行套用，缺乏针对性。目前，西部地区绩效评价体系仍然存在重数量而轻质量的现象，虽然科研成果数量持续增加，但是具有实际意义的研究成果较少，随着对科技创新活动的逐渐关注，科技创新投入也日益增加，但是科技绩效的提高较为缓慢，科研评价体系的滞后性是重要原因，不能根据当前的科技投入运用情况有针对性地提出改进意见，从而使得科技投入效率较低。同时，由于科技投入评价体系的不科学，还会导致有些项目无法得到落实，进而造成项目延期。

3.4 原因分析

3.4.1 科研管理政策及制度不配套

3.4.1.1 科研管理政策不完善

政策是进行科研活动的规范，对科研活动的实施有约束作用。对于西部地区来说，科研制度缺乏且不完善是导致科技投入问题的重要原因。虽然西部地区部分省份出台了一些有针对性的制度政策，如2017年陕西省教育厅在深入调研的基础上，针对以前高校科研管理不够规范、评价体系和导向机制不完善等问题，结合落实《陕西省促进科技成果转化若干规定》（"陕九条"），与省财政厅、科技厅研究出台了《关于落实以增加知识价值为导向分配政策促进省属高校科技成果转移转化的实施意见》（"陕教十条"）。但是，西部地区多数省份几乎没有印发关于科研管理的任何政策文件，或者是相关政策制度较陈旧，不符合实际需要，缺乏对科研经费及人员的协调管理，也没有针对科研管理中存在的某一具体问题提供政策保障。并且，缺少对科研人员考核方面的制度政策，使得科研人员考核成为表面工作，进而造成科研问题越发严重、科研环境日益混乱、科研工作毫无规律和规范。

3.4.1.2 科研管理制度缺乏针对性

虽然西部地区根据现阶段的科研现状相继出台了一系列的规章制度，以解决科研活动中存在的问题，但是，由于科研管理的复杂性，出台的规章制度远不足以将科研管理进行规范化和制度化，由此衍生了更多管理方面的问题。一方面，科研制度规范缺乏针对性使得科研单位的科研质量持续走低，造成了科研资源的浪费。由于制度缺乏针对性，科研单位对科研经费的使用缺乏跟踪调查，导致科研经费的预算和使用不合理，甚至有科研单位对科研经费的使用条目缺乏正确认识，因而造成科研经费管理存在漏洞。另一方面，科研项目负责人虚假报销现象屡见不鲜，不正当套取科研经费，现阶段虽然有解决相应问题的制度政策出台，但是责权利界定不明确，最后导致问题没有得到有效解决。同时，在科研管理过程中，由于缺乏针对性强的制度，影响了科研活动的正常运转实施。科研单位机构设置与职责不配套，导致科研体制混乱，职责权限模糊不清。对考核指标的选择也存在较大偏差，主观意识强、重量轻质，有些科研制度较为片面，内容上存在严重缺陷。

3.4.2 科研经费管理过程不完善

3.4.2.1 缺乏可靠的经费预算

一是科研人员在申请项目的时候，没有充分考虑预算编制的可行性。由于受各种条件要求的限制，科研人员的预算分布呈现不均衡现象，从而导致部分条目的经费严重不足，而部分经费条目冗余，造成不适当的经费预算，不符合经费实际作用。因此，在项目开展过程中，经费的使用往往存在较大偏差，最后导致经费不能完全被利用，影响科技投入产出效率。二是经费预算执行较为滞后。在进行科研活动时，最大的问题就是项目已经开展，而由于经费的拨入程序比较复杂，需要经过层层审核审批，进而导致经费的拨入不到位，造成项目无法继续实施，而且在经费利用过程中，由于项目负责人没有完全清楚经费的使用范围，造成经费无法报销的现象，也进一步影响了科研活动的进行。三是在预算编制阶段，由于科研项目主管部门与项目负责人之间存在着基于委托—代理关系的信息不对称，项目负责人在申请项目时偏向于根据项目类型的资助额度编制预算，夸大支出，从而导致预算与项目的实际需要相脱节。四是在预算执行中，由于科研管理部门、财务部与课题负责人之间同样存在着基于委托—代理关系的信息不对称，课题负责人掌握了相对较多的信息资源，这就导致管理部门无法对科研项目预算执行过程中的经费情况进行有效管理，进而降低了预算权威性和严肃性，削弱了预算的规划和资源配置功能，使预算缺乏控制力，流于形式。

3.4.2.2 科研经费使用监管不到位

目前，西部地区在科研经费使用的监督方面，虽然初步形成了较为复杂的监管网络结构和具备较为完善监管流程，但是在许多方面还存在较大问题，离科学的监督方式还有一定的距离。由于西部地区处于经济发展阶段，随着经济的快速发展，西部地区的监管体系面临着更大的挑战。因此，如何更好地利用监管体系，从而实现资源的优化配置至关重要。当前，西部地区科研项目监管存在的问题主要有：①监督主体多元化，监督缺乏秩序。监督体系的形成和应用不能靠一己之力，需要各部门相互协调，明确监督责任，从而达到事半功倍的效果，而不是出现责任混乱，使得监督体系无法高效运转。②监督法律体系仍不够健全，可操作性较差。现有财政投入科研项目的监督管理法律位阶相对较低，缺乏针对性，并缺少实施标准和操作准则，使得各类科技项目管理缺乏规范性，导致科技项目管理科学性不强。③监督对象接受监管的意识和能力不强。行业、个人能力、科研需求等的多样性决定了监督对象截然不同，复杂的科研环境为其谋取不正当利益提供了操作空间，套取科研经费、经费使用不当、科研项目质量低等现象频发，同时评审人员敷衍了事、行使私权现象层出不穷。

3.4.2.3 经费报销程序复杂滞后

由于经费使用的复杂性，造成科研项目经费的报销程序较为烦琐，报销流程履行时间长、效果差，使得经费使用滞后，进一步推迟了科研项目的实施进度。因此，在科研项目被审批之后，首先，科研经费会延迟拨入，而财务部门过多地强调职能部门领导审批签字，从而使得经费的使用过程较为烦琐，降低了科研人员的研究效率。其次，科研经费的报销审核较为形式化。经费报销虽然需要层层签字审批，但是财务人员却只注重票据是否齐全、报销单据是否签字审批，缺乏对经费使用项目的进一步核查，造成经费无法物尽其用。最后，科研项目负责人缺乏对经费使用的合理规划。由于科研项目实施的周期长，因此在科研经费预算过程中只是按照原有的标准进行经费预算，经费的不合理规划导致经费使用分配不均、缺乏弹性，造成某些项目经费冗余，而其他项目经费不足，在进行项目结题时，常出现经费开支不合理或经费剩余较多等现象，缺乏对经费使用的整体把握。

3.4.3 人力资本激励效果差

3.4.3.1 缺乏有效的人力资本补偿

缺乏有效的人力资本补偿表现在：①科研人员工资收入被严重压低。科技创新活动不仅需要大量的知识储备和技术支持，还需要科研人员科技创新能力的支撑。然而，近些年来科研经费却被更多地用于项目研究，越来越透明化、程序化，忽略了科研人员的工资收入，科研人员收入被严重压低，进而使得科研人员无心科学研究。②科研人力资本双轨制现象显著。在科研人才日益成为主流的今天，科研人力资本的双轨制表现在实际的人力资本价值与市场上人力资本价值的不对等，并且东西部人力资本价格存在明显的差距。③科研项目人员经费开支范围规定的限制。近年来，西部地区许多省份的政府部门为了严控科研经费滥用现象，制定了一系列的经费管理办法。虽然有效地减少了滥用经费的问题，但是也进一步导致经费的使用范围缩小，从而使得科研人员自主支配的经费减少，开支范围也局限在课题组边缘人员的工资收入，而对于课题组主要成员并没有工资津贴补助。④西部地区的经济发展慢，科研人员工资水平低。由于受西部地区经济发展的限制，西部地区人才报酬明显低于发达地区，导致许多科研人员为了寻求较高的报酬，而向发达地区迁移，进而导致西部地区科研人员流失，科技创新能力增长较慢。

3.4.3.2 人力资本激励过于刚性

人力资本激励方式的刚性表现在：就企业而言，存在的较大问题是激励的形式较为单一。基本工资和社会保险是工资的重要组成部分，而奖金福利的发放较少并且存在延期现象。虽然构成了较为完整的工资体系，但实际上对科研人员激励力度比较小，不足以使科研人员保持高度的科研热情和工作积极性。而对于企业中高层科研人员来说，金钱激励已经起不到激励效果。根据马斯洛需求层次理论，中高层科研人员处于自我实现需要的层级，因此，更注重自我晋升需要的激励。而企业却无法因人而异地满足其需求，进而导致科研人员失去工作积极性或者频繁跳槽，这既不利于企业发展，也不利于科技活动的开展。就高校而言，高校人力资本激励方式过于单一，只局限于奖金激励，对于自我实现需要的激励力度较小。高校教师在评职称时，注重发表论文的数量，而忽略了对论文发表的激励力度，致使科研人员对科研活动毫无动力。西部地区对青年科研人员的激励力度更是薄弱，没有针对青年科研人员需求的精准分析，缺乏激励特色。

3.4.3.3 人力资本内部存在歧视

随着社会经济的快速发展，对人力资本的需求也更多元化，但是随之衍生的人力资源歧视也逐渐加重。从社会层面整体而言，人力资本歧视主要体现在：①性别歧视。在科研领域，从事科研的女性较少，其比例低于甚至远低于男性，由于受传统观念的影响，性别歧视在学术界依旧存在，同时，女性科研人员依然面临着待遇较低、升职机会较少、获得基金的机会和数额较小等问题。人们普遍认为女性科研人员的科技创新能力低于男性，或者认为女性投资成本更大、劳动参与率低于男性，因此，为了追求效益最大化，更倾向于聘用男性科研人员。②职称歧视。在经济发展的大背景下，等级歧视一直存在，由于学术界论资排辈现象严重，使得较多的科研资源集中在少数人手里，造成资源的不均衡分配，基础设施的配套服务或者是科研项目的申报限制年龄，划分明显，从而打击了部分科研人员的积极性，不利于科研工作的发展。③学历歧视。学历歧视在学术界普遍存在，体现在相关科研岗位招聘时忽视实际需要，设置不合理的各级学历限制。包括学历性质歧视、第一学历歧视、学历结构歧视、学历来历歧视等。

3.5 本章小结

通过针对我国区域科技投入产出的现状分析发现，我国西部地区的科技投入在数量上严重不足，与东部、中部地区差距较大，且西部地区，各省份科技投入产出也存在较大差别。因此，根据现状分析总结出我国西部地区科技投入存在三个方面的问题：第一，科研经费投入方面。包括投入强度存在"马太效应"、投入结构不合理、经费投入所带来的产出较低。第二，科技人力资本方面。包括人力资本投入不足、科研人员的科技创新能力较弱、科研人员分布不均衡。第三，科技投入绩效评价方面。包括绩效评价指标不合理、绩效评价结果的运用反馈不够、绩效评价指标体系。究其原因，主要从三个层面进行分析总结：首先，政策方面的原因。包括科研政策不完善、科研制度缺乏针对性两方面。其次，针对科研经费的管理，缺乏可靠的经费预算，科研经费使用监管不到位，经费报销程序复杂滞后。最后，对于人力资本方面的原因是缺乏有效的人力资本补偿、人力资本激励过于刚性、人力资本内部存在歧视。

本章根据科技投入绩效现状分析总结问题，并分析其原因，为下一章科技投入绩效评价及区域差异分析提供理论依据。

4

西部地区科技投入绩效评价及区域差异分析

本章在前三章的理论基础上进行科技投入绩效评价及区域差异分析，主要由五部分组成：第一，数据来源与体系构建；第二，科技投入与产出效率分析；第三，进行科技投入产出效率的区域差异比较分析；第四，科技投入绩效的影响因素进行分析；第五，通过前四节的实证分析，对本章实证结果进行总结归纳。

4.1 数据来源与体系构建

4.1.1 数据来源

本书数据主要来源于 2009~2016 年《中国科技统计年鉴》对科技投入与科技成果、经济效益的相关数据整理汇总，并利用 Maxdea 软件、Matlab 软件、Stata 软件进行实证分析。将西部地区科技投入分为科研经费和科技人力投入，并按照活动类型分为基础研究、应用研究及试验发展研究，科技投入绩效主要由两方面进行衡量，科技成果产出和经济效益，指标选取有国内专利申请授权数、三大检索科学论文数、新产品销售收入、技术市场成交额四部分。数据整理如表 4-1 所示。

表 4-1　2009~2016 年西部地区科技投入数据

年份	科研经费内部支出（万元）			R&D 人员全时当量（人／年）		
	基础研究	应用研究	试验发展	基础研究	应用研究	试验发展
2009	477872	1574933	5196038	35626	73607	212153

续表

年份	科研经费内部支出（万元）			R&D 人员全时当量（人/年）		
	基础研究	应用研究	试验发展	基础研究	应用研究	试验发展
2010	537355	1829752	6375611	37393	74294	227357
2011	700480	2011972	7697203	41761	74838	239268
2012	835368	2001641	9565826	45708	78547	276358
2013	898605	2102806	11202953	47960	80578	312669
2014	1095814	2429765	12074096	50073	84203	331312
2015	1139603	2518945	13657598	52539	84815	330417
2016	1285095	2547521	15603697	54696	87693	346658

本书将科技投入绩效分为科技成果和经济效益两部分，如表4-2所示。

表4-2　2009~2016 年西部地区科技投入绩效数据

年份	科技成果				经济效益	
	国内专利申请授权数	三大检索科学论文数			新产品销售收入	技术市场成交额
		SCI	EI	CPCI-S		
2009	84721	15841	14450	6764	—	—
2010	112713	18320	18253	11790	5947922	346.49
2011	153545	20810	18631	10911.5	13852053	482.82
2012	206046	24435	18916	10033	12381910	764.51
2013	271064	29955	25429	8334	13977919	1009.93
2014	304711	37058	28033	8264	20787847	1238.37
2015	391038	42057	34689	5859	30595707	1345.00
2016	—	—	—	—	32003063	1589.93

4.1.2　科技投入绩效评价指标体系的构建

4.1.2.1　科技投入绩效评价的指标体系设计原则

（1）关键性原则。科技投入绩效评价应着力于解决多重问题，并且是多种因素互相作用、牵制影响的，评价体系错综复杂，因此不能仅凭借单一的衡量指标进行评价，而应该制定出一套指标体系，指标之间有较强的相互作用关系，但又有其独立的评价维度，进而来评价科技经费投入产出的整体情况。在选取指标的过程中，必须遵循关键性原则，指标评价要包含所评价的主体，这样才能使绩效评价更准确，从而确定真正影响科技投入绩效的原因，进而有针对性地解决问题。科技投入绩效是一个总体概念，因此应该从科技投入绩效评价的多维度出发，选取关键性指标对科技投入绩效进行全方位评价，在进行绩效评价指标设计过程中遵循关键性原则，尽可能地选取对科技投入绩效影响较大的指标作为重要衡量指标，并使所选取的指标尽可能覆盖较多的评价方面，避免由于指标的遗漏导致科技投入绩效评价的偏差，使绩效评价不能客观地体现评价结果，从而使绩效评价失去意义。科学去除无法量化或者影响极小的指标，并且同一维度的衡量指标不能重复选取。

（2）科学性原则。科学性是指标选取和构建过程中的关键原则。一方面要求研究者在进行科研活动过程中必须保证数据的可靠性、准确性；另一方面要求在指标选取的过程中保证指标之间的可比性。这样才能客观地对科技投入进行准确评价。在评价体系建立的过程中，必须保证选取的指标能反映科技投入的实际情况，符合研究规律和研究目的，从而进一步达到预期绩效评价深度。科学性还体现在要求各指标之间既独立又互相联系，绩效评价的科学性体现在遵守严格的程序的基础上，并结合该单位的科研实际情况，有效地制定绩效评价体系，并采用科学的分析方法进行绩效评价，以保证评价结果的客观、真实和权威性，进而准确地反映绩效方面的问题，最后根据绩效评价结果科学地进行绩效改进，促进科技投入的有效利用。绩效评价是在一定的目标下进行的，是对某一问题或者某一方面进行的针对性评价，具有较强的目的性，评价需要充足的证据，评价结果必须解决现实性问题。绩效评价的科学性，需要在科技投入数量的基础上，通过研究数据所呈现的信息，进而研究其背后隐藏的问题，绩效评价必须具有真实性，不能通过主观臆想进行评价。

（3）实用性原则。实用性是指绩效指标的可行性，主要指针对特定指标，解决实际性问题，进而为提高科技绩效做出贡献，在绩效评价过程中充分考虑评价结果的可行性，以便为考评工作提供借鉴。考评指标应该划分为短期绩效评价指标、中期绩效评价指标以及长期绩效评价指标三种类型。短期绩效评价指标主要针对短时间可控的问题进行分析研究，研究结果可以为短暂性的工作改进提供依据；中期绩效评价指标主要针对项目进行过程中一系列关联因素进行评价分析；长期绩效评价指标则包括对未来绩效的发展方向的控制指标。三种指标之间既有关联又具有独立性，进而保障科技投入产出过程中的资源配置效率。评价指标还应该在国家相关政策制度的规定下执行实施，进而促进科学研究。然而，评价体系也不能过于复杂，在保证实用性的基础上，尽可能简洁明了，保证数据的收集和应用。评价指标在一定程度上可以快速定位问题，以便提出有效的解决方案。在评价过程中，还能将定性和定量的指标结合起来使用，保证绩效评价的客观性，使评价结果更加全面。

4.1.2.2 科技投入绩效评价指标的选取

杨建飞、陈亚新（2019）在对陕西省财政科技投入绩效的分析与评价时，从指标投入渠道来看，主要包括资金投入维度和人力投入维度。从产出来看，将产出指标体系划分为三大维度：科技直接产出维度、经济效益产出维度以及生态效益产出维度。其中，将科技直接产出指标确定为科技论文篇数和授权专利量，用技术市场成交额来代表经济效益产出指标。聂亚利（2017）利用层次分析法、DEA 模型、模糊综合评价法对科技投入绩效进行评价时，将科技产出成效的指标设置为 6 个：发表科技论文数量、专利授权量、技术市场成交额、高技术产业主营业务收入、全社会劳动率、重大科技成果及国家级奖励。郭兵、袁飞等（2012）将绩效评价指标体系分为：投入与产出两类，投入主要指地方政府科技拨款额，产出包括科技直接产出、经济效益产出和社会效益产出，并将国外主要检查工具收录科技论文情况、国家级科技奖励项数、专利授权数作为科技直接产出，将技术合同成交金额作为经济效益产出的指标。解学梅、戴智华等（2013）在对高技术产业科研投入与绩效之间关系进行研究时，采用生产函数作为基本研究模型，并引用经典的 Cobb-Douglas 生产函数作为基础，将 R&D 经费投入与 R&D 人员全时当量作为投入指标，将新产品产值、新产品销售收入、拥有发明专利数作为创新绩效指标。张明龙（2015）利用超效率 DEA 与 Malmquist 指数方法对科技创新的效率进行评价时选取 R&D 经费内部支出、地方财政科技拨款、金融机构科技贷款、人均 R&D 经费支出作为科技金融投入指标，选取国内专利申请授权数、国外主要检索工具收录我国科技论文数、技术市场成交合同额、高技术产业总产值为产出指标。潘娟、张玉喜（2018）运用数据包络分析方法（DEA）对科技金融投入的创新绩效进行分析时，将新产品产值销售收入、高新技术产业主营业务收入、技术合同成交额作为科技创新产出指标。Li X. M.（2015）利用层次分析法对科技与金融的投入产出效率进行评价时，科技产出指标包括高技术产业新产品产值，专利授权数，技术市场成交额，SCI、EI 论文数量，高技术产业出口额等。熊曦、关忠诚等（2019）在对科技创新进行测度和分解时，将科技投入分为科技人员投入和科技经费投入两个维度，并将专利授权数和发表论文数分别作为科技成果中间产出和最终产出的衡量指标。张永安等（2018）利用基于两阶段 DEA 模型对区域创新投入产出评价时，建立的评价指标体系中，创新中间指标包括技术市场成交金额、技术市场输出技术合同数、专利授权量以及专利受理量；而最终指标则包括高新技术企业总收入、高新技术企业技术收入和高技术产业新产品销售收入三类。

综上所述，本书在借鉴上述学者在科技投入绩效指标划分方法的基础上，并根据西部地区的区域特点，将投入指标分为R&D经费和R&D人员全时当量，并按照活动类型划分为基础研究、应用研究和试验发展研究；将产出指标分为科技成果产出和经济产出两个维度。科技成果包括国内专利申请授权数和三大检索科学论文数，经济产出包括高技术产业新产品销售收入和技术市场成交额。如表4-3所示。

表4-3 科技投入绩效指标体系

一级指标	二级指标	三级指标	文献来源	数据来源
投入指标	R&D经费	基础研究	Pegah Khoshnevis（2018）；Byungho Jeong（2018）；任静、杨志江等（2010）；刘启雷、郭鹏等（2018）；解学梅、戴智华等（2013）；熊曦、关忠诚等（2019）	《中国科技统计年鉴（2009~2015年）》
		应用研究		
		试验发展		
	R&D人员全时当量	基础研究	V. J. Thomas（2011）；Griliches（1979）；Eric C. Wang（2007）；苏屹、安晓丽、王心焕（2017）；薛澜等（2014）；陈昭、林涛（2018）；解学梅、戴智华等（2013）；熊曦、关忠诚等（2019）	
		应用研究		
		试验发展		
产出指标	科技成果	国内专利申请授权数	柴玮（2015）；Rousseau等（1997）；杨建飞、陈亚新（2019）；聂亚利（2017）；郭兵、袁飞（2012）；解学梅、戴智华等（2013）；张明龙（2015）；潘娟、张玉喜（2018）；Li X. M.（2015）；熊曦、关忠诚等（2019）；张永安等（2018）	《中国科技统计年鉴（2009~2015年）》
		三大检索科学论文数		
	经济产出	高技术产业新产品销售收入		《中国科技统计年鉴（2009~2016年）》
		技术市场成交额		

4.1.3 科技投入绩效评价指标灰色关联度分析

4.1.3.1 研究方法

灰色系统理论是我国著名学者邓聚龙教授于 1982 年提出的，主要是利用已知信息来确定系统的未知信息。灰色关联分析是灰色系统理论的主要内容之一，是灰色系统理论应用最多的分析方法，其原理是根据一组曲线的趋势相似程度来判断关系强度，曲线越相似，关系强度越强；反之越弱。

计算灰色关联度的步骤如下：

第一步：设定基础数列和对比数列。$X_0(k) = \{x_0(1), x_0(2), \cdots, x_0(n)\}$，n 为指数个数；对比数列为 $X_i(k) = \{x_i(1), x_i(2), \cdots, x_i(n)\}$，$i = 1, 2, 3 \cdots, m; k = 1, 2, 3, \cdots, n$。m 为时间。

第二步：求各数列的初值像（或均值像），即数列无量纲化处理。由于每一组数据单位不同、衡量的标准不同，为了保持计算的一致性，将第一组数列作为基础数列，并将基础数列与对比数列的每一组相除，得到数列无量纲化处理值。

$$X'_i = \frac{x_i(k)}{x_0(k)} = (x'_i(1), \ x'_i(2) \cdots, \ x'_i(n)) \tag{4-1}$$

第三步：求差序列。并将无量纲化处理后的数列与其他数列作差，得出其绝对值。

$$\Delta_i(k) = |x'_0(k) - x'_i(k)|, \ \Delta_i = (\Delta_i(1), \ \Delta_i(2), \ \cdots, \ \Delta_i(n)), \ i = 1, 2, 3 \cdots, m \tag{4-2}$$

第四步：将第三步中的差值绝对值进行比较，求两极最大差与最小差。

$$M = \max_i \max_k \Delta_i(k) \quad m = \min_i \min_k \Delta_i(k) \tag{4-3}$$

第五步：求关联系数。首先设定分辨系数 ε，一般认为 $\varepsilon \in (0, 1)$，可设 $\varepsilon = 0.5$。

$$r_{0i}(k) = \frac{m + \varepsilon M}{\Delta_i(k) + \varepsilon M}, \ \varepsilon \in (0, 1), \ k = 1, 2, \cdots, n; \ i = 1, 2, \cdots, m \tag{4-4}$$

第六步：计算其灰色关联度。

$$r_{0i} = \frac{1}{n} \sum_{k=1}^{n} r_{0i}(k), \ i = 1, 2, \cdots, m \tag{4-5}$$

4.1.3.2 模型设定

根据上述分析方法和本书的研究内容，分别以科研经费内部支出和 R&D 人员全时当量作为投入指标，产出指标则分为科技成果产出指标和经济效益产出指标。因此，设定如下六个分析模型，其中各项指标的原始数值如表4-2所示。

模型1、模型2：分别以基础研究的科研经费内部支出和R&D人员全时当量作为参考系列，以科技投入成果产出作为比较系列，衡量科技投入的产出成果绩效。科技投入的产出指标分为科技成果产出指标和经济效益产出指标，科技成果产出指标以国内专利申请授权数、三大检索科学论文数来衡量；经济效益产出指标以新产品销售收入、技术市场成交额来衡量。

模型3、模型4：分别以应用研究的科研经费内部支出和R&D人员全时当量作为参考系列，以科技投入的经济效益产出作为比较系列，衡量科技投入的经济效益产出绩效。经济效益产出指标以新产品销售收入、技术市场成交额来衡量。

模型5、模型6：分别以试验发展的科研经费内部支出和R&D人员全时当量作为参考系列，以科技投入的经济效益产出作为比较系列，衡量科技投入的经济效益产出绩效。经济效益产出指标以新产品销售收入、技术市场成交额来衡量。

4.1.3.3 实证结果分析

按照上述灰色关联分析方法和步骤，计算得出各产出指标与科技经费投入和R&D人员全时当量之间的关联系数及关联度，结果如表4-4、表4-5、表4-6所示。

表4-4 西部地区基础研究科研经费投入的产出绩效关联度

| 年份 | 科技成果 | | | | 经济产出 | |
| | 国内专利申请授权数 | 三大检索科学论文数 | | | 新产品销售收入 | 技术市场成交额 |
		SCI	EI	CPCI-S		
2009	1.000	1.000	1.000	1.000	1.000	1.000
2010	0.922	0.904	0.806	0.776	0.738	0.915
2011	0.869	0.760	0.722	0.796	0.814	0.858
2012	0.807	0.669	0.625	0.782	0.738	0.775
2013	0.737	0.721	0.629	0.734	0.698	0.702
2014	0.691	0.725	0.588	0.681	0.726	0.645
2015	0.640	0.669	0.637	0.631	0.670	0.600
平均值	0.809	0.778	0.716	0.771	0.769	0.785

表 4-5 西部地区应用研究科研经费投入的产出绩效关联度

年份	科技成果				经济产出	
	国内专利申请授权数	三大检索科学论文数			新产品销售收入	技术市场成交额
		SCI	EI	CPCI-S		
2009	1.000	1.000	1.000	1.000	1.000	1.000
2010	0.950	0.995	0.899	0.693	0.807	0.936
2011	0.879	0.975	0.923	0.636	0.806	0.867
2012	0.801	0.897	0.921	0.635	0.839	0.778
2013	0.730	0.815	0.834	0.665	0.839	0.705
2014	0.679	0.745	0.778	0.643	0.791	0.646
2015	0.630	0.686	0.715	0.598	0.726	0.602
平均值	0.810	0.873	0.867	0.696	0.830	0.791

表 4-6 西部地区试验发展科研经费投入的产出绩效关联度

年份	科技成果				经济产出	
	国内专利申请授权数	三大检索科学论文数			新产品销售收入	技术市场成交额
		SCI	EI	CPCI-S		
2009	1.000	1.000	1.000	1.000	1.000	1.000
2010	0.953	0.840	0.940	0.815	0.679	0.934
2011	0.885	0.717	0.820	0.834	0.785	0.867
2012	0.821	0.621	0.699	0.803	0.687	0.781
2013	0.754	0.569	0.639	0.740	0.616	0.709
2014	0.701	0.625	0.601	0.691	0.641	0.648
2015	0.649	0.657	0.592	0.640	0.598	0.603
平均值	0.823	0.718	0.756	0.789	0.715	0.792

（1）科技经费投入的产出绩效关联度。由表 4-4、表 4-5、表 4-6 可知，总体与科研经费投入关联度在 0.69 以上，表现出较强的关联度。说明科技经费投入有效地促进了科技产出的增长，对科技成果的产出关联度高于经济产出，可以说明科技经费投入直接转化效率较高。就基础研究科研经费投入直接产出

指标来看，表4-4中各年度的国内专利申请授权量和三大检索科学论文数均与基础研究科研经费投入有较高的关联度，总体呈现出较强的关联关系，国内专利申请授权量的关联度比较为基础研究<应用研究<试验发展，SCI 的发表量关联度呈现试验发展<基础研究<应用研究，EI 关联度则为基础研究<试验发展<应用研究；CPCI-S 的关联度显示应用研究<基础研究<试验发展。经济效益产出指标新产品销售收入与基础研究、应用研究、试验发展科研经费投入的平均绩效关联度分别为 0.769、0.830、0.715，而技术市场成交额与基础研究、应用研究、试验发展科研经费投入的平均绩效关联度分别为 0.785、0.791、0.792。在基础研究经费投入关联度研究中发现直接产出关联度大于经济产出，而在应用研究经费投入和试验发展经费投入关联度研究中直接产出关联度小于经济产出关联度。

（2）R&D 人员全时当量投入的产出绩效关联度。从 R&D 人员全时当量投入的产出指标关联度来看，R&D 人员全时当量投入对产出有显著的促进作用，但是略低于科研经费投入的产出关联度，因此，科研经费的投入绩效关联作用强于 R&D 人员全时当量投入绩效关联作用。在直接产出关联度中，国内专利申请授权数关联度表现出基础研究>试验发展>应用研究，SCI 发表量关联度则是基础研究=试验发展>应用研究，EI 关联度为基础研究>试验发展>应用研究，而 CPCI-S 与 R&D 人员全时当量投入的关联度相对于 SCI 和 EI 来说较小，分别为 0.675、0.657、0.656；这也说明科研人员致力于 SCI 和 EI 的产出。在经济产出关联度中可以发现，新产品销售收入的关联度分别为 0.839、0.816、0.840，技术市场成交额的关联度分别为 0.781、0.776、0.780，说明 R&D 人员对新产品销售收入和技术市场成交额也起到了一定的促进作用。

表 4-7　西部地区 R&D 人员全时当量基础研究投入的产出绩效关联度

年份	科技成果				经济产出	
	国内专利申请授权数	三大检索科学论文数			新产品销售收入	技术市场成交额
		SCI	EI	CPCI-S		
2009	1.000	1.000	1.000	1.000	1.000	1.000
2010	0.924	0.923	0.842	0.667	0.843	0.918
2011	0.853	0.884	0.827	0.591	0.810	0.848
2012	0.784	0.837	0.857	0.602	0.846	0.766
2013	0.719	0.774	0.791	0.632	0.848	0.697

续表

年份	科技成果				经济产出	
	国内专利申请授权数	三大检索科学论文数			新产品销售收入	技术市场成交额
		SCI	EI	CPCI-S		
2014	0.669	0.709	0.737	0.636	0.794	0.640
2015	0.621	0.655	0.679	0.597	0.728	0.596
平均值	0.796	0.826	0.819	0.675	0.839	0.781

表 4-8 西部地区 R&D 人员全时当量应用研究投入的产出绩效关联度

年份	科技成果				经济产出	
	国内专利申请授权数	三大检索科学论文数			新产品销售收入	技术市场成交额
		SCI	EI	CPCI-S		
2009	1.000	1.000	1.000	1.000	1.000	1.000
2010	0.922	0.918	0.855	0.667	0.870	0.917
2011	0.843	0.851	0.802	0.571	0.812	0.841
2012	0.772	0.791	0.782	0.546	0.810	0.759
2013	0.708	0.730	0.722	0.582	0.793	0.690
2014	0.659	0.673	0.675	0.623	0.743	0.635
2015	0.612	0.624	0.626	0.614	0.685	0.592
平均值	0.788	0.798	0.781	0.657	0.816	0.776

表 4-9 西部地区 R&D 人员全时当量试验发展研究投入的产出绩效关联度

年份	科技成果				经济产出	
	国内专利申请授权数	三大检索科学论文数			新产品销售收入	技术市场成交额
		SCI	EI	CPCI-S		
2009	1.000	1.000	1.000	1.000	1.000	1.000
2010	0.928	0.933	0.844	0.670	0.832	0.921
2011	0.849	0.871	0.804	0.585	0.790	0.845
2012	0.780	0.827	0.849	0.603	0.837	0.763
2013	0.718	0.775	0.798	0.600	0.864	0.696

年份	科技成果				经济产出	
	国内专利申请授权数	三大检索科学论文数			新产品销售收入	技术市场成交额
		SCI	EI	CPCI-S		
2014	0.670	0.715	0.753	0.584	0.814	0.640
2015	0.622	0.661	0.693	0.548	0.746	0.596
平均值	0.795	0.826	0.820	0.656	0.840	0.780

4.2 科技投入与产出效率分析

基于第 1 节指标构建和数据收集，并将各指标之间的关联度进行分析可知，投入产出指标具有较强的关联度，因此说明本书选取的指标具有一定的可靠性，从而为本章的实证研究提供依据和支撑。

4.2.1 超效率 DEA 模型构建

数据包络分析法（Data Envelopment Analysis，DEA）是由查恩斯（A. Charnes）和库珀（W. Cooper）等于 1978 年首先提出的。当前，国内外主要采用因子分析法、层次分析法、统计回归分析的生产函数方法和数据包络分析（DEA）法等方法定量评价科研效率。DEA 模型是利用原始数据对决策单元进行评价的，且充分考虑决策单元的最好的产出方案，因此在效率评价中得到了广泛的应用（Giseli Rabello Lopes、Roberto da Silva、Mirella M. Moro、J. Palazzo M. de Oliveira，2012）。

传统 DEA 模型假设存在有 M 个 DMU，每个 DMU 有 m 种输入和 s 种输出。第 j 个决策单元 DMU_j 的输入和输出向量分别为 $x_j = (x_{1j}, x_{2j}, \cdots, x_{mj})^T$ $y_j = (y_{1j}, y_{2j}, \cdots, y_{sj})^T$，$j = 1, 2, \cdots, n$。建立基于输入的 DEA 方法的 CCR 评价模型：

$$\min \theta - \delta \, (e_s^T S^- + e_m^T S^+)$$

$$\text{s. t.} \sum_{j=1}^{n} X_j \lambda_j + S^- = \theta X_0$$

$$\sum_{j=1}^{n} Y_j \lambda_j - S^+ = Y_0$$

$$S^+ \geqslant 0, \ S^- \geqslant 0, \ \lambda_j \geqslant 0, \ j=1, \ 2, \ \cdots, \ n \qquad (4-6)$$

其中，S^+ 为产出不足，S^- 为投入冗余，θ 为技术效率系数，δ 为非阿基米德无穷小量，$e_s = (1, \ 1, \ \cdots, \ 1)^T \in R^s$，$e_m = (1, \ 1, \ \cdots, \ 1)^T \in R^m$，$S^+$ 和 S^- 分别为输入输出松弛向量。该模型的经济含义为：

（1）当 $\theta = 1$ 且 S^+，$S^- = 0$ 时，称 DMU_0 为 DEA 有效，即在这 n 个决策单元所组成的经济系统中，该单元的投入与产出已经达到最优的组合。

（2）当 $\theta = 1$ 且 $S^- \neq 0$ 或 $S^+ \neq 0$ 时，称 DMU_0 为 DEA 弱有效，即不是同时技术有效和规模有效。在这 n 个决策单元所组成的经济系统中，对于该单元的投入 X_0 可以减少 S^- 而保持原产出 y_0 不变，或者在投入 X_0 不变的情况下可以将产出提高 S^+。

（3）当 $\theta < 1$ 时，则称 DMU_0 为 DEA 无效，即非技术有效也非规模有效，可以通过组合将投入降到原投入 X_0 的 θ 比例而保持原产出 y_0 不变。对于任何一个决策单元达到 100% 的效率是指在现有的投入条件下，任何一种输出都不能增加。

超效率数据包络分析模型（SE-DEA）是在传统 DEA 模型的基础上提出的，传统 DEA 模型只能区分有效决策单元和无效决策单元，但是对有效决策单元之间的差异不能进行区分评价，因此使得分析结果有失偏差。然而，超效率模型可以对多个有效决策单元做出进一步评价，这有助于评价结果的比较分析。

本书将西部地区作为研究对象，并将东部地区和中部地区作为对比研究对象，将科技投入分为基础研究、应用研究、试验发展三种类型，通过对《中国科技统计年鉴》的数据进行整理，将科技投入绩效指标分为两种类型：科技成果和经济效益，进而研究每组研究对象的投入产出效率。

4.2.2 实证分析

4.2.2.1 西部地区总体投入综合效率

就西部地区总体投入产出效率而言，对科技产出进行滞后一期处理，大于西部地区第一阶段和第二阶段的投入产出效率，平均效率值达到 1.3 以上，处于 DEA 有效状态。从表 4-10 中可以看出，2009~2015 年，甘肃省、青海省、陕西省、云南省的科技投入产出效率均大于 1，达到 DEA 有效。2015 年，贵州省、内蒙古自治区、宁夏回族自治区、四川省、新疆维吾尔自治区这五个省区处于 DEA 无效状态，效率值小于 1。同时我们又发现，内蒙古自治区在 2010 年、2011 年效率值大于 1，然而在 2012~2015 年效率值连续小于 1，由于内蒙古自治区科技投入 2012~2015 年逐年递增，因此，内蒙古自治区应该提高科技资源配置，进而提高科技投入绩效。重庆市在 2014 年的效率值为 7.616，陕西省次之，远大于其他省份。在对 2014 年重庆市的投影分析中发现，重庆市在应用研究和试验发展经费投入都存在冗余，冗余总量为 9453055.355，并且人员投入在基础研究、应用研究、试验发展中均存在不同程度的冗余，分别占冗余总量的 4.48%、7.26%、88.26%，对于产出而言，包括科技成果和经济产出，有 6 个指标进行衡量，进行投影分析时发现，技术市场成交额松弛变量为 314.763，呈现出产出不足现象，新产品销售收入松弛变量为 0，转化能力较强，就国内专利申请授权数而言，松弛变量为 64829.594，严重不足，应该提高国内专利申请授权数量的转化，在论文产出过程中，SCI 和 CPCI-S 存在不足，应加大这两方面论文产出。2014 年投入产出效率最低的省份为宁夏回族自治区，效率值仅为 0.522，基础研究经费投入松弛量为 4029.992，应该加大基础研究经费转化效率。

表 4-10　2009~2015 年西部地区综合技术效率值

地区＼年份	2015	2014	2013	2012	2011	2010	2009
甘肃省	1.619	1.789	1.832	1.987	2.121	2.017	2.381
广西壮族自治区	1.379	1.050	0.897	0.758	0.620	0.520	0.664
贵州省	0.967	1.586	1.479	2.739	2.014	0.749	1.468
内蒙古自治区	0.839	0.984	0.708	0.658	2.524	1.044	0.756
宁夏回族自治区	0.647	0.522	1.223	0.714	0.626	0.632	0.913
青海省	2.717	1.837	1.314	1.205	1.126	1.810	1.470
陕西省	2.137	2.446	2.035	2.721	2.293	2.225	2.029
四川省	0.900	1.009	1.168	1.956	1.559	0.932	0.977
新疆维吾尔自治区	0.962	1.028	0.857	0.789	0.698	0.742	1.052
云南省	1.275	1.631	1.494	1.093	1.018	1.093	2.249
重庆市	3.452	7.616	2.268	1.619	1.800	2.796	0.977
平均值	1.536	1.954	1.389	1.476	1.491	1.324	1.358

4.2.2.2 2009~2015 年西部各地区技术效率

（1）第一阶段：科技投入成果产出效率。对于科技投入产出第一阶段而言，科技成果是科技投入转化为产出的直接表现。经过研究 2009~2015 年科技投入成果产出效率发现，西部地区平均效率值在 1 以上，达到总体 DEA 有效，重庆市、云南省、陕西省、甘肃省这 4 个省市成果产出效率都超过 1，达到 DEA 有效。并且，重庆市在 2015 年的效率值为 2.416，同比增长了 5.32%，高于其他省份。然而还有部分省份在部分年份效率值小于 1，例如内蒙古自治区在样本区间内，科技成果处于 DEA 无效状态，效率值小于 1；宁夏回族自治区和新疆维吾尔自治区在 2013 年和 2014 年达到 DEA 有效，其余年份效率均值小于 1；但是，陕西省、云南省、重庆市、甘肃省在样本区间内科技成果产出效率均大于 1。对于陕西省而言，在 2009 年、2010 年、2011 年这三个年份的效率值大于 2，但是在 2012~2014 年呈下降趋势，在 2015 年有所回升。四川省只有在 2009 年和 2014 年达到 DEA 有效，其他年份均处于 DEA 无效。青海省在 2009~2014 效率值不足 0.5，处于 DEA 无效状态。2015 年，在西部地区各省区中，内蒙古自治区、四川省、贵州省、青海省、宁夏回族自治区、新疆维吾尔自治区这 6 个省区处于 DEA 无效状态（见表 4-11）。2015 年，11 个省份的增长率分别为 - 14.94%、31.33%、5.32%、 - 11.62%、 - 38.41%、 - 21.83%、12.04%、-11.50%、57.58%、17.43%、-6.42%，由此可以看出，除广西壮族自治区、重庆市、陕西省、青海省、宁夏回族自治区外，其他地区较 2014 年效率有所降低。就效率平均值来看，西部地区科技投入成果产出效率在 2015 年下降了 3.06 个百分点。

表 4-11　2009~2015 年西部各地区科技投入成果产出效率值

地区 ＼ 年份	2015	2014	2013	2012	2011	2010	2009
内蒙古自治区	0.837	0.984	0.708	0.658	0.788	0.781	0.411
广西壮族自治区	1.379	1.050	0.897	0.748	0.620	0.520	0.664
重庆市	2.416	2.294	2.112	1.619	1.800	2.231	1.638
四川省	0.890	1.007	0.967	0.886	0.949	0.932	1.102
贵州省	0.954	1.549	1.479	1.981	1.382	0.749	1.136
云南省	1.275	1.631	1.494	1.083	1.018	1.093	1.039
陕西省	1.908	1.703	1.754	1.829	2.205	2.225	2.029
甘肃省	1.619	1.789	1.832	1.987	2.121	1.950	2.253

地区＼年份	2015	2014	2013	2012	2011	2010	2009
青海省	0.728	0.462	0.389	0.327	0.264	0.316	0.431
宁夏回族自治区	0.613	0.522	1.223	0.707	0.583	0.466	0.913
新疆维吾尔自治区	0.962	1.028	0.857	0.789	0.698	0.742	0.977
平均值	1.235	1.274	1.247	1.147	1.130	1.091	1.145

（2）第二阶段：经济效率。科技投入产出过程的第二阶段是科技成果进行经济转化的过程，假设在第二阶段中没有新的科技投入，科技投入经济产出转化过程中的投入只有国内专利申请授权数、三大检索科学论文数两种，产出为技术市场成交额和新产品销售收入，经过投入产出效率结果分析发现，在西部地区，除2011年外，经济产出转化效率平均值均大于成果产出效率，经济产出效率平均值达到1以上，并且在2015年经济产出效率值达到1.5以上。2015年，青海省的经济产出效率值达到10.033，说明在仅有的科技成果中，青海省的转化效率最高。西部地区的成果产出强省，如陕西省、甘肃省等的经济产出效率极低，只有0.644和0.501，处于经济产出DEA无效。2011年，经济产出平均值为0.931，处于DEA无效状态，在西部地区内部，四川省、贵州省、青海省、宁夏回族自治区均达到DEA有效，并且贵州省的经济产出效率值为1.655，大于其他省份。但是，新疆维吾尔自治区部分年份的经济产出效率不足0.1，转化效率极低，拉低了西部地区的平均水平。就经济效率整体而言，新疆维吾尔自治区的经济产出效率低于其他省份，效率最高值仅为0.209，但是青海省经济产出效率在2009~2015年均大于1，处于DEA有效状态。如表4-12所示。

表4-12　2009~2015年西部各地区经济效率值

地区＼年份	2015	2014	2013	2012	2011	2010	2009
内蒙古自治区	0.680	0.341	0.276	0.633	1.571	0.489	0.903
广西壮族自治区	0.256	0.212	0.468	0.730	0.648	0.406	0.311
重庆市	1.221	1.841	1.035	0.419	0.569	0.894	0.885
四川省	0.697	0.533	1.292	1.411	1.086	0.679	0.314
贵州省	0.709	0.704	1.975	2.238	1.655	0.869	1.171

地区 ＼ 年份	2015	2014	2013	2012	2011	2010	2009
云南省	0.266	0.258	0.513	0.636	0.590	0.336	0.426
陕西省	0.644	0.617	0.790	0.770	0.838	0.672	0.857
甘肃省	0.501	0.470	0.651	0.645	0.850	0.734	1.071
青海省	10.033	9.138	6.303	6.662	1.288	8.797	2.970
宁夏回族自治区	1.816	1.283	0.793	0.902	1.106	1.583	6.125
新疆维吾尔自治区	0.209	0.141	0.037	0.050	0.042	0.142	0.134
平均值	1.548	1.413	1.285	1.373	0.931	1.418	1.379

4.2.2.3　西部地区投入产出投影分析

在2015年科技投入产出投影分析中，除内蒙古自治区、陕西省、新疆维吾尔自治区、重庆市四个省份外，其他地区基础研究经费投入存在冗余，甘肃省基础研究经费冗余量为149577.686，四川省基础研究经费冗余量为56678.053；在应用研究经费中，广西壮族自治区、青海省、陕西省、四川省、新疆维吾尔自治区存在经费冗余现象，陕西省应用研究经费冗余量为672964.333，冗余量较大，处于第二位的是四川省，经费冗余量为170952.595；试验发展在我国处于重要地位，是我国科技创新的主要动力，在试验发展的投入中，对西部地区而言，内蒙古自治区、宁夏回族自治区、陕西省、四川省、云南省、重庆市地区投入冗余总量达到4171757.885。因此就科技经费投入总量而言，西部地区所有省市地区的经费投入都存在不同程度的冗余。对于科技人员投入而言，本书将R&D人员全时当量作为人员投入的衡量指标，并且分为基础研究、应用研究、试验发展三个部分。总体人员投入中，西部地区各省份也存在不同程度的冗余，并且人员冗余省份多余经费投入冗余，基础研究人员投入冗余总量为18936.343，在应用研究中，西部地区全部省份都存在冗余，冗余量为28535.938，试验发展的人员冗余量为45462.594，是基础研究冗余量的2.4倍。对于科技成果产出而言，成果产出主要分为专利申请授权数、三大检索科学论文，专利申请授权数只有甘肃省、陕西省、云南省三个省份存在产出不足；陕西省专利申请授权数为119720.403，产出存在严重不足。同时，西部地区所有省份三大检索科学论文都存在不足，为15357.122，陕西省三大检索科学论文不足位居第一。如表4-13所示。

表4-13 2015年西部地区决策单元科技成果产出松弛变量

决策单元	FUND1		FUND2		FUND3		PEOPLE1		PEOPLE2		PEOPLE3		S&T1		S&T2	
	S^-	S^+	S^-	S^+	S^-	S^+	S^-	S^+	S^-	S^+	S^-	S^+	S^-	S^+	S^-	S^+
内蒙古自治区	0	0	0	0	-724783.981	0	-466.38	0	-1445.293	0	-19876.902	0	0	0	0	896.947
广西壮族自治区	-93887.514	0	-51900.549	0	0	0	-7001.245	0	-8552.418	0	-3349.937	0	0	0	0	2178.832
重庆市	0	0	0	0	-2484023.799	0	0	0	-1613.093	0	-59092.819	0	0	0	0	7134.537
四川省	-56678.053	0	-170952.595	0	-258196.405	0	0	0	-851.671	0	0	0	0	0	0	916.238
贵州省	-27292.096	0	0	0	0	0	-649.657	0	-404.38	0	-3218.382	0	0	0	0	697.981
云南省	-10899.93	0	0	0	-367077.082	0	-3285.567	0	-2605.579	0	-12746.182	0	0	319.968	0	3962.437
陕西省	0	0	-672964.333	0	-333766.379	0	-978.81	0	-7941.395	0	0	0	0	119720.403	0	4666.033
甘肃省	-149577.686	0	0	0	0	0	-4520.233	0	-3970.257	0	-5129.505	0	0	10410.436	0	1254.583
青海省	-3763.017	0	-4424.828	0	0	0	-90.722	0	-76.809	0	-113.031	0	0	0	0	62.523
宁夏回族自治区	-2754.116	0	0	0	-3910.239	0	-320.429	0	-300.695	0	-923.997	0	0	0	0	205.087
新疆维吾尔自治区	0	0	-45556.737	0	0	0	-1623.3	0	-2387.441	0	-104.658	0	0	0	0	516.461

表 4-14　2016 年西部地区经济投入产出松弛变量

决策单元	S&T1		S&T2		Eco1		Eco2	
	S⁻	S⁺	S⁻	S⁺	S⁻	S⁺	S⁻	S⁺
内蒙古自治区	0	0	−607.32	0	0	0	0	0
广西壮族自治区	−3322.463	0	−72.523	0	0	0	0	0
重庆市	−24263.391	0	−5512.465	0	0	0	0	0
四川省	0	0	−6889.505	0	0	0	0	0
贵州省	−3374.938	0	−96.643	0	0	0	0	0
云南省	0	0	−689.379	0	0	0	0	0
陕西省	0	0	−12831.035	0	0	0	0	0
甘肃省	0	0	−2612.198	0	0	0	0	0
青海省	−20674.854	0	−1074.398	0	0	0	0	123926.778
宁夏回族自治区	0	0	−110.054	0	0	5.397	0	0
新疆维吾尔自治区	0	0	−196.834	0	0	0	0	0

在针对科技成果的经济转化效率投影分析中发现，西部地区的科技成果转化能力较低，相对于经济转化，科技成果投入冗余量较大，专利申请授权数冗余总量为 27372.255，其中重庆市冗余量占总冗余量的 88.64%，对于三大检索科学论文的投入量，西部地区所有省份都存在冗余，陕西省和重庆市冗余量处于第一和第二位置，分别占总冗余量的 50.96% 和 21.89%，这也说明西部地区较多省份注重论文数量却忽略了科技论文研究的实用性，使之创造的价值大大降低。而对于经济产出而言，技术市场成交额和高技术产业新产品销售收入只存在较少的不足现象，宁夏回族自治区的技术成交额不足量为 5.397 亿元，青海省高技术产业新产品销售收入不足的量为 123926.778 万元，其他省市地区经济产出均不存在产出不足。由此可知，西部地区的科技成果较少地转化为经济产出，科技投入大省的科技投入经济转化能力存在严重不足，导致科技成果大量冗余，从而进一步导致科技发展缓慢。如表 4-14 所示。

　4.2.2.4　西部地区与东部、中部地区的效率比较

（1）2009~2015 年东部地区效率值。由表 4-15，表 4-16、表 4-17 可知，2009~2015 年，东部地区科技成果产出效率大于西部地区，并且东部地区的技术效率大于 1 的省市分别有北京市、海南省、河北省、江苏省、辽宁省、上海市、浙江省，占总量的 63.64%，高于西部地区 27.28 个百分点，有 7 个省份的DEA 值在 2015 年处于增长阶段，说明东部地区科技投入转化效率高于西部地区；在 2015 年成果产出效率值中，北京市效率值为 1.930，处于东部地区效率最高点，对北京市的投影分析中发现，基础研究经费、应用研究经费、试验发展经费冗余量分别为 2446269.098、3329163.702、4108436.857，冗余量超过西部地区 2015 年效率最高值省份，而对于人员投入冗余量来说，东部地区试验发展人员投入冗余量较小，说明东部地区比西部地区人员利用率高。虽然相较于西部地区成果产出，东部地区产出存在较大的不足，但是产出值高于西部地区，这是因为东部地区在投入上远远大于西部地区，并且投入产出效率大于西部地区，这就使得东部产出多于西部地区，然而并没有达到自身投入产出转化的最优状态，导致成果产出存在严重不足。从东部地区经济效率来看，经济效率平均值低于西部地区，2015 年和 2014 年达到 DEA 有效的省份仅有 3 个，分别为北京市、广东省、天津市，占总量的 27.27%，2015 年增长率分别为 4.91%、43.36%、25.59%，较 2014 年分别增长了 22.01 个、57.3 个、12.51 个百分点，DEA 无效省份效率值在 0.5 上下波动，效率值较小，效率最低值省份是海南省，效率值分别为 0.167、0.157，低于平均值 0.952，与平均水平相差较大，也体现出东部地区科技成果产出效率呈现两极分化现象，广东省 2015 年最大值为 4.467，是最低值的近 27 倍，相差较大。虽然北京市成果产出效率值较大，但

是也可以看出与 2009 年相比，效率值整体上在降低。

表 4-15　2009~2015 年东部各地区综合效率值

地区＼年份	2015	2014	2013	2012	2011	2010	2009
北京市	4.489	4.411	4.432	4.234	3.954	2.076	2.911
福建省	0.952	1.124	1.195	1.409	1.199	1.084	1.131
广东省	1.868	1.699	1.887	1.667	1.552	0.925	2.851
海南省	1.823	1.142	1.630	1.483	1.565	1.537	1.261
河北省	1.365	2.279	1.042	1.582	1.112	1.451	1.423
江苏省	1.492	1.383	1.470	1.672	1.713	1.390	1.361
辽宁省	1.411	1.346	1.703	1.625	1.827	1.933	1.738
山东省	0.864	0.846	0.735	0.824	0.777	0.882	1.027
上海市	1.229	1.241	1.222	1.314	1.287	1.478	1.240
天津市	1.405	1.573	1.165	1.449	1.129	0.979	1.278
浙江省	1.681	1.431	1.345	1.251	1.238	1.151	1.684
平均值	1.689	1.679	1.620	1.683	1.577	1.353	1.628

表 4-16　2009~2015 年东部各地区技术效率值

地区＼年份	2015	2014	2013	2012	2011	2010	2009
北京市	1.930	2.165	2.022	1.848	1.946	2.076	2.058
福建省	0.952	1.082	1.080	1.250	1.167	1.084	0.899
广东省	0.899	0.717	0.583	0.574	0.641	0.925	0.778
海南省	1.823	1.142	1.630	1.483	1.565	1.537	1.251
河北省	1.365	2.270	1.030	1.582	1.112	1.451	1.423
江苏省	1.304	1.177	1.232	1.333	1.477	1.390	1.224
辽宁省	1.411	1.346	1.703	1.625	1.827	1.933	1.738
山东省	0.848	0.824	0.690	0.801	0.759	0.882	0.916

续表

地区 \ 年份	2015	2014	2013	2012	2011	2010	2009
上海市	1.229	1.241	1.222	1.314	1.287	1.478	1.239
天津市	0.959	0.919	0.907	1.059	0.790	0.979	0.990
浙江省	1.681	1.431	1.345	1.251	1.238	1.151	1.684
平均值	1.309	1.301	1.222	1.284	1.255	1.353	1.291

表 4-17 2009~2015 年东部各地区经济效率值

地区 \ 年份	2015	2014	2013	2012	2011	2010	2009
北京市	3.228	3.077	3.712	4.588	4.877	4.886	4.536
福建省	0.433	0.505	0.534	0.666	0.863	1.040	0.959
广东省	4.467	3.116	3.621	3.202	2.854	2.468	3.025
海南省	0.167	0.157	0.131	0.423	0.160	0.794	0.916
河北省	0.256	0.278	0.256	0.218	0.297	0.253	0.230
江苏省	0.500	0.588	0.600	0.512	0.531	0.553	0.434
辽宁省	0.454	0.419	0.338	0.307	0.472	0.412	0.384
山东省	0.547	0.519	0.435	0.370	0.382	0.407	0.385
上海市	0.593	0.591	0.537	0.509	0.508	0.689	0.740
天津市	1.335	1.063	0.940	1.130	0.801	0.713	0.962
浙江省	0.326	0.354	0.218	0.189	0.191	0.205	0.174
平均值	1.119	0.970	1.029	1.101	1.085	1.129	1.159

（2）2009~2015 年中部各地区效率值如表 4-18 至表 4-20 所示，将西部地区与中部地区成果产出效率与经济转化效率作比较发现，中部地区技术成果产出效率值大于西部地区，在中部地区的 8 个省份中，有 7 个省份在 2009~2015 年达到了 DEA 有效，只有山西省处于 DEA 无效状态。因此，针对山西省进行投影分析发现，基础研究、应用研究、试验发展经费的松弛量分别为 3357.799、0、82404.812，低于北京市和陕西省的冗余量，说明中部地区经费利用率较高，从基础研究、应用研究、试验发展人员投入中可以看出，冗余总量为 9911.07，

而针对成果产出，对于三大检索科学论文产出而言，只有 CPCI-S 论文存在不足，效率值为 207.699，而国内专利申请授权数也不存在不足现象，说明中部地区科技投入利用率较高，转化效率较高。2014 年，山西省经费冗余总量为4468.373，人员投入冗余总量为 722.163，低于 2015 年；2015 年，黑龙江省科技成果产出效率最大，效率值为 1.834，黑龙江省的经费冗余分别为154381.488、182632.687、0，大于山西省经费冗余，这也说明随着投入的增加，由于科技创新能力差异，各省份科技投入成果产出效率虽然变大，但是冗余也随之增加。就中部地区经济效率而言，2015 年经济平均效率低于西部地区，有 3 个省份达到 DEA 有效，占总量的 37.5%，高出西部地区 10.23 个百分点，但是各省份差值小于西部地区各省份差值，3 个省份 2015 年的效率值处于下降趋势。

表 4-18　2009~2015 年中部各地区投入产出综合效率值

地区＼年份	2015	2014	2013	2012	2011	2010	2009
安徽省	1.417	1.568	1.906	1.856	1.910	2.685	1.103
河南省	3.706	5.028	5.179	5.997	2.229	2.446	2.756
黑龙江省	1.834	1.640	1.872	1.796	2.132	1.694	1.693
湖北省	4.514	4.243	3.473	2.803	1.711	1.796	1.963
湖南省	1.194	1.282	1.645	1.836	1.760	1.521	1.205
吉林省	1.421	1.823	1.765	1.736	2.371	2.025	1.764
江西省	1.791	1.822	1.275	1.427	2.268	1.635	1.613
山西省	0.745	0.678	0.768	0.980	0.990	0.801	0.776
平均值	2.078	2.260	2.235	2.304	1.921	1.826	1.609

表 4-19　2009~2015 年中部各地区成果产出效率值

地区＼年份	2015	2014	2013	2012	2011	2010	2009
山西省	0.744	0.673	0.745	0.891	0.96	0.758	0.738
吉林省	1.341	1.766	1.687	1.658	2.371	1.97	1.764
黑龙江省	1.834	1.620	1.872	1.789	2.132	1.694	1.658

续表

地区＼年份	2015	2014	2013	2012	2011	2010	2009
安徽省	1.417	1.568	1.906	1.856	1.81	2.685	1.096
江西省	1.791	1.821	1.257	1.39	1.225	1.083	0.657
河南省	1.502	1.683	1.607	2.224	2.229	2.446	2.756
湖北省	1.568	1.447	1.329	1.296	1.26	1.665	1.963
湖南省	1.194	1.282	1.645	1.836	1.76	1.401	1.205
平均值	1.424	1.483	1.506	1.618	1.718	1.713	1.480

表4-20　2009~2015年中部各地区经济产出效率值

地区＼年份	2015	2014	2013	2012	2011	2010	2009
山西省	0.546	0.712	0.544	0.812	0.877	1.198	1.479
吉林省	0.786	0.341	0.436	0.673	0.710	0.757	0.714
黑龙江省	0.299	0.321	0.368	0.473	0.936	1.115	1.330
安徽省	1.134	1.026	0.911	1.153	1.995	1.853	0.905
江西省	0.783	0.685	0.674	0.794	2.279	2.652	2.663
河南省	3.111	4.037	4.069	3.562	0.479	0.550	0.556
湖北省	3.362	3.783	3.264	2.342	1.505	0.895	0.725
湖南省	0.718	0.667	0.622	0.827	0.949	1.190	0.566
平均值	1.342	1.447	1.361	1.330	1.216	1.276	1.117

4.3　科技投入产出效率的区域差异对比研究

基于第4章第2节中对科技投入产出效率进行测算发现，西部地区科技投入产出效率低于中部、东部地区，因此，本节在科技投入产出效率分析的基础上，探究西部地区和东部、中部地区存在的差距，为科技投入绩效评价的提升提供依据。

4.3.1　区域差异度量方法

基尼系数是由意大利统计学家 Corrado Gini 在 1912 年中提出的，该系数在经济学中时常用来表示居民收入分配的差距程度，以此来衡量分配公平性，但也可以用于其他领域，研究其指标的分布差异。然而，泰尔指数打破了基尼系数的局限性，其不仅可以衡量一国或地区收入差异，而且可以用来衡量其他变量的差异性，包含更加广泛，泰尔指数（Theil）或者泰尔系数，由数学家 Shannon C. E. 和 Wiener N. 建立，Theil 首次将其应用到经济学领域用于分析与预测，泰尔指数作为分析区域收入水平差异的一个重要工具，被频繁地应用于学术研究中，成为分析区域异质性不可或缺的方法之一。因此，本书选用泰尔指数来衡量我国科技投入产出效率的区域差异，泰尔指数的运算公式如下：

假设包含 m 个个体的样本被分为 k 个群组，每组分别为：

$$q_k,\ (k=1,\ 2,\ \cdots,\ K)$$

第 k 组 q_k 中的个体数目为 m_k，则有：

$$\sum_{k=1}^{K} m_k = m$$

$$T_0 = T_w + T_B = \sum_{k=1}^{K} y_k \ln\left(\frac{y_k}{m_k/m}\right) + \sum_{k=1}^{K} y_k\left(\sum_{i \in q_k} \frac{y_i}{y_k} \ln \frac{y_i/y_k}{1/m_k}\right) \tag{4-7}$$

泰尔指数有效地将总体差异分为区域间差异和区域内差异两部分，这样有利于我们从差异内部出发，研究两种差异对总体差异的贡献，进而探究差异的发展趋势。记 T_B 与 T_w 分别为组内差距和组间差距，因此，分解的泰尔指数公式如下：

$$T_0 = \frac{1}{m} \sum_{i=1}^{m} \frac{y_i}{y} \ln \frac{y_i}{y} \tag{4-8}$$

其中，$T_B = \sum_{k=1}^{K} y_k\left(\sum_{i \in q_k} \frac{y_i}{y_k} \ln \frac{y_i/y_k}{1/m_k}\right)$ 由 k 个组差异值的加权平均而得，表示我国效率的区域内的差异；$T_w = \sum_{k=1}^{K} y_k \ln\left(\frac{y_k}{m_k/m}\right)$ 由每个区域的效率换成其相应的组均值计算而得，表示我国科技投入效率的区域间的差异。

4.3.2　科技投入产出效率区域差异度量与分析

4.3.2.1　科技投入产出效率省际差异度量与分析

根据第 4 章第 2 节所构建的超效率 DEA 模型，测算各地区科技投入产出效率及全国平均水平的科技投入产出效率，进而探讨各区域存在的差异，统计结果如图 4-1 所示。

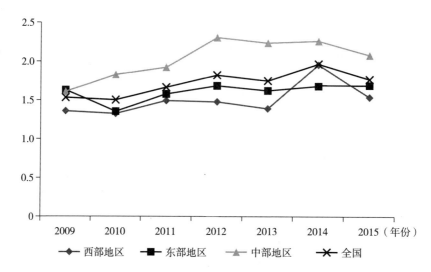

图 4-1　2009~2015 年全国及东中西部地区科技投入产出平均效率变动趋势

由图 4-1 可知，2009~2015 年中部地区科技投入产出效率处于第一位，高于全国平均水平，但东部地区和西部地区低于全国平均水平，而且西部地区小于东部地区。并且总体科技投入产出效率显示，西部地区效率低于全国平均水平。2013~2015 年西部地区科技投入产出效率变动幅度较大，2015 年西部地区效率增长率为-21.39%，比 2014 年下降了 62.07 个百分点。中部地区变化幅度较大的年份是 2012 年，增长率为 19.94%，而 2009~2011 年东部地区变化幅度最大，2011 年效率增长率为 16.56%，较 2010 年增长了 33.45 个百分点。

4.3.2.2　东中西部科技投入经济效率差异度量与分析

本节最终采用泰尔指数的分解方法对三个地区内外部科技投入产出效率差异进行实证分析。

表 4-21　基于 Theil 指数（GE1）分解的东部、中部、西部效率差异

年份	东部差异	西部差异	中部差异	区域间差异	区域内差异	总体差异	区域间差异占比
2009	0.065529	0.088822	0.061695	0.000210	0.075563	0.075770	0.002732
2010	0.103544	0.142140	0.047195	0.005528	0.085849	0.091377	0.023931

年份	东部差异	西部差异	中部差异	区域间差异	区域内差异	总体差异	区域间差异占比
2011	0.103544	0.10717	0.026472	0.004400	0.086198	0.090600	0.051065
2012	0.096579	0.124621	0.163257	0.012546	0.132552	0.145098	0.086465
2013	0.129670	0.058127	0.155896	0.014336	0.122095	0.136431	0.105077
2014	0.120582	0.310062	0.180431	0.026702	0.189626	0.216328	0.123432
2015	0.118599	0.136514	0.159086	0.009565	0.13529	0.144856	0.066034
平均值	0.105435	0.138208	0.113433	0.010043	0.121058	0.131101	0.065534

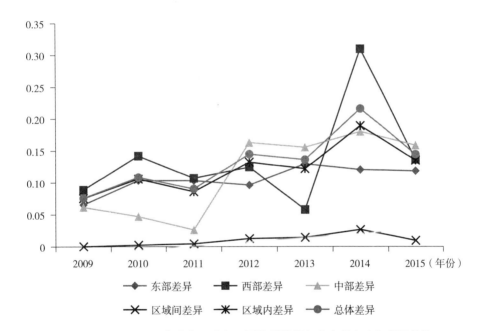

图 4-2　2009~2015 年东部、中部、西部科技投入产出效率泰尔指数趋势

由表 4-21 可知，从科技投入产出效率总体差异看，2009~2015 年，总体差异平均值为 0.131101，2009~2011 年、2011~2013 年、2013~2015 年各阶段呈倒"U"形。在 2014 年达到最大值 0.216328，2009 年为最小值 0.075770，相差 0.140558；由图 4-2 可知，区域内差异对总体差异贡献相对较大，从考察期的变化走势来看，西部地区的效率差异与总体差异走势较为相似，西部地区差异最大的为2014年，差异值为0.310062。从区域内差异可以看出，东部地区、西部地区、中部地区的投入产出效率差异变化幅度较大，且变化趋势各不相同，从东部、中部、西部的差异值可以得出，中部地区科技投入产出效率差异值最小，而西部地区科技投入产出差异值大于东部地区和中部地区，东部地区差异值次之。基于此，本书可得出以下结论：①从总体来看，东中西部区域间的科技投入产出效率差异呈现出明显的阶段性特征，西部地区在2009~2011年、2011~2013年、2013~2015年，东部地区在2009~2012年、2012~2014年，中部地区在2013~2015年，均在不同阶段呈现倒"U"形规律。②从区域内差异来看，西部地区区域内投入产出效率差异平均值大于东部地区和中部地区。

4.3.3　科技投入成果产出效率区域差异度量与分析

4.3.3.1　科技投入产出成果效率省际差异度量与分析

根据本章研究所构建的超效率DEA模型及测算结果，测度出我国各地区科技投入成果产出2009~2015年的效率值，统计结果如图4-3所示。

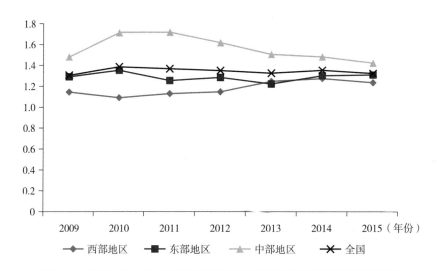

图4-3　2009~2015年全国及东中西部地区成果产出平均效率变动趋势

由图4-3可知，成果产出平均效率与综合科技投入产出效率变化趋势大体相同，中部地区成果产出效率处于第一位，高于全国平均水平，并在2009~2013年变化趋势呈倒"U"形，中部地区在2011年后成果产出效率持续下降；

西部地区成果产出效率低于全国平均水平，在 2010～2014 年呈持续增长趋势；东部地区变化幅度最小，平均效率保持在 1.2 以上。

4.3.3.2 东中西部科技投入成果效率差异度量与分析

本节最终采用泰尔指数的分解方法对三个地区内外部科技投入产出效率差异进行实证分析。

表 4-22　基于 Theil 指数（GE1）分解的东中西部成果效率差异

年份	东部差异	西部差异	中部差异	区域间差异	区域内差异	总体差异	区域间差异占比
2009	0.03782	0.08602	0.02861	0.00188	0.05337	0.05525	0.03401
2010	0.06270	0.09290	0.03170	0.00680	0.06614	0.07295	0.09326
2011	0.05835	0.08772	0.03147	0.00850	0.06450	0.07299	0.11640
2012	0.04062	0.12410	0.02998	0.01175	0.07343	0.08518	0.13794
2013	0.05358	0.15233	0.04183	0.01427	0.09557	0.10984	0.12994
2014	0.03820	0.18020	0.06518	0.01274	0.10533	0.11807	0.10791
2015	0.04306	0.12363	0.09672	0.00621	0.09094	0.09716	0.06394
平均值	0.04800	0.12100	0.04600	0.00900	0.07800	0.08700	0.09800

由表 4-22 可知，对于东部、西部、中部地区，从科技成果总体差异看，2009～2015 年，总体差异平均值为 0.08700，并呈现先增长后下降的趋势，在 2014 年达到最大值 0.11807，2009 年为最小值 0.05525，相差 0.06282；由图 4-4 可知，区域内差异对总体差异贡献相对较大，从考察期的变化走势来看，西部地区的效率差异与总体差异走势较为相似，从区域内差异可以看出，东部地区、西部地区、中部地区的成果产出效率差异变化幅度较大，且变化趋势各不相同。从东部、中部、西部差异值可以得出，中部地区科技投入经济产出效率差异值最小，而西部地区科技投入产出差异值大于东部地区和中部地区，东部地区差异值次之。基于此，本书得出以下结论：①从总体来看，东中西部区域间的科技投入产出效率差异呈现出明显的阶段性特征，西部地区在 2009～2011 年、2012～2015 年，东部地区在 2009～2012 年、2012～2014 年，中部地区在 2009～2012 年，均在不同阶段呈现倒"U"形规律。②从区域内差异来看，西部地区区域内投入产出效率差异平均值大于东部地区和中部地区。

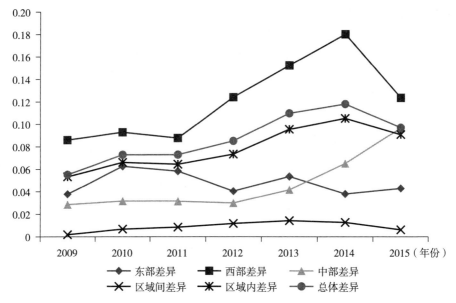

图 4-4　2009~2015 年东中西部科技投入成果产出效率泰尔指数趋势

4.3.4　科技投入经济产出效率区域差异度量与分析

4.3.4.1　科技投入经济产出效率省际差异度量与分析

如图 4-5 所示，对于各地区科技投入经济产出而言，与综合投入产出效率

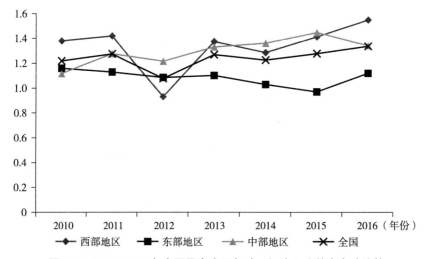

图 4-5　2009~2015 年全国及东中西部地区经济平均效率变动趋势

差异较大。东部地区投入经济产出效率低于全国平均水平，而西部地区除 2012 年外，经济产出效率值高于全国平均水平。中部地区在 2009 年时经济产出效率值低于全国平均水平。

4.3.4.2 东中西部科技投入经济效率差异度量与分析

本节最终采用泰尔指数的分解方法对三个地区内外部科技投入产出效率差异进行实证分析。

表 4-23 基于 Theil 指数（GE1）分解的东中西部经济效率差异

年份	东部差异	西部差异	中部差异	区域间差异	区域内差异	总体差异	区域间差异占比
2010	0.54891	0.85748	0.30536	0.05821	0.56611	0.62431	0.09323
2011	0.44108	0.88392	0.42503	0.04443	0.58984	0.63427	0.07004
2012	0.57334	0.56239	0.41394	0.02934	0.52831	0.55765	0.05261
2013	0.57677	0.54606	0.23715	0.00894	0.47393	0.48286	0.01850
2014	0.59230	0.14327	0.11752	0.03601	0.30905	0.34506	0.10436
2015	0.49134	0.77341	0.11211	0.06566	0.44423	0.50989	0.12877
2016	0.48710	0.52936	0.15254	0.00496	0.42275	0.42772	0.01160
平均值	0.53000	0.61400	0.25200	0.03500	0.47600	0.51200	0.06800

由表 4-23 可知，对于东部、西部、中部地区，从经济产出效率总体差异看，2010~2015 年，总体差异平均值为 0.51200，并呈现先下降后增长的趋势，在 2010 年达到最大值 0.62431，2014 年为最小值 0.34506，相差 0.27925；由图 4-6 可知，区域内差异对总体差异贡献相对较大，从考察期的变化走势来看，西部地区的效率差异与总体差异走势较为相似，但是变化幅度比总体差异变化幅度大。从区域内差异可以看出，东部地区、西部地区、中部地区的经济产出效率变化幅度差异较大，且变化趋势各不相同，从东部、中部、西部差异值可以得出，中部地区科技投入经济产出效率差异值最小，而西部地区科技投入产出差异值大于东部地区和中部地区，东部地区差异值次之，但是在 2014 年，东部差异超过西部差异，居于第一位。基于此，本书可得出以下结论：①从总体来看，东中西部区域间的科技投入产出效率差异呈现出明显的阶段性特征，西部地区在 2009~2013 年差异呈现"阶梯式"下降，2013~2015 年呈现倒"U"形规律，东部地区在 2009~2011 年呈现"U"形规律，2012~2014 年呈现倒

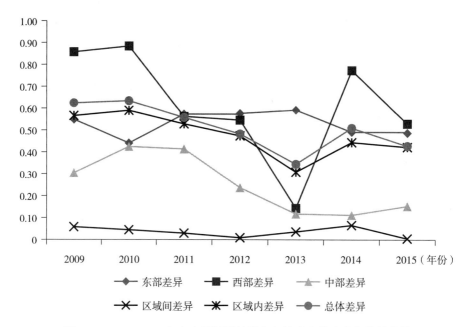

图4-6 2009~2015年东中西部科技投入经济产出效率泰尔指数趋势

"U"形规律，中部地区在2009~2013年呈现倒"U"形规律。②从区域内差异来看，西部地区区域内投入产出效率差异平均值大于东部地区和中部地区。

4.4 西部地区科技投入绩效的影响因素研究

从前文关于对我国东部、中部、西部地区科技投入产出效率的区域差异分析及其实证度量结果可知，我国东部、中部、西部地区科技投入产出效率呈现出了较大的区域内差异性，西部地区的内部差异大于东部地区和中部地区。但是，我国科技投入产出绩效不仅关系到经济发展、行业发展、改善国民生活质量，并且也关系到一个国家的国际竞争力。科技成果的产生及经济效益的实现是一个复杂的过程，受到许多因素的影响。因此，本书利用2009~2015年我国西部地区11个省份的面板数据，建立科技投入产出影响因素的Tobit回归模型，试图找出导致西部地区科技投入产出绩效的影响因素，从而为科技投入绩效评价提供依据。

4.4.1　指标选取

（1）技术进步。技术创新活动的开展离不开研发投入强度的影响，研发投入的规模和比例可以用来衡量企业的科技创新能力的强弱（孙早、宋炜，2012）。有学者在研究中发现，增加一定的研发投入虽然可以带来核心竞争力的提高，但不一定会带来研发绩效的提高。有学者持相反的观点，他们认为，研发投入强度和研发绩效无显著相关关系（孙颖、王婷，2018）。企业加大研发投入有助于提高产出，如新产品、新工艺、新技术、新设计等，从而提高持续生产经营过程中的技术水平和效益，促进原有资本品的升级或新资本品的产生，并带动以专利为代表的创新绩效改善，因此，R&D 投入强度对创新绩效具有正向影响作用（杨林、段牡钰等，2018）；Bewaji T.（2013）在研究中发现，R&D 投入强度对专利认证有正向作用，同时，马文聪、侯羽和朱桂龙（2013）也指出，研发投入会对企业创新绩效产生显著的积极影响。然而，康志勇（2013）在研究时又提出过度强调创新技术的先进性以及创新投入的高强度不利于企业创新绩效的提高。由此可知，对于 R&D 投入与其绩效之间的关系有待进一步研究。因此，我们用 R&D 投入强度（TFP）描述技术进步，作为影响科技投入绩效的因素进行研究。

（2）人力资本质量。人力资本是体现于劳动者身上的智力、知识和技能的总和，是资本的一种形态，是推动社会进步的决定性因素（范斐、杜德斌、李恒，2012）。人力资本作为特殊的商品，可以进行多次使用和转让，进而创造更大的价值，而人力资本的价值取决于人受教育的程度或在某项工作和活动中积累的经验和能力，是进行创新的原动力，随着受教育程度、能力、经验的积累提升，创造出新的价值，是以实现外在价值的计量来表示其内在的价值。而人力资本质量的高低对我国科技发展的速度与质量有所影响。Nelson Oly Ndubisi 等（2015）在研究时认为企业创新绩效与 R&D 资金投入强度和技术人员投入强度有关。Huritz 等（2002）认为高素质人力资本有助于技术的充分使用，进而对创新绩效具有积极作用。然而，陈子韬等（2017）在研究科技人力资源对科技创新绩效的影响时提出，科技创新绩效是"博采众长"的结果，而非仅依靠少数优秀研究人员。因此，本书将博士学历科研人员占总体科研人员数量的比重作为衡量，简称（Hum）。

（3）投入结构。基础研究是应用研究与技术开发的新信息源和理论基础。强大的基础科学研究是建设世界科技强国的基石，全球科技竞争不断向基础研究转移。进入新时代，基础研究作为提升国家源头性创新能力最重要的载体，作用愈加凸显。基础研究是现代经济体系实现突破性创新的有效途径，即源头式创新。全面加强基础研究必须面向世界科技前沿和社会经济高质量发展对科技的需求，全面部署和加强前瞻性基础研究和应用基础研究的规划、投入、领军人物引进培养、核心团队建设、基础设施和制度环境建设，全面支撑科技强国和其他领域的强国战略的有效实施，最终把我国建设成为社会主义现代化强国。池敏青、李晗林（2017）认为基础研究是科学的前沿，是应用研究和开发研究赖以发展的基础，也是实现技术创新和持续技术转移转化的基础和保证。同时，蒋仁爱和玄兆辉（2017）在研究科技投入结构对科技产出的影响时发现，基础研究占总 R&D 经费的比重是专利产出的重要影响因素，并根据实证结果发现基础研究占比越大，专利申请越少，论文发表越多。因此，本书将基础研究经费占科研经费总量的比重（IS）作为投入结构的影响因素指标。

（4）市场化程度。市场化程度是指在市场经济体制中资源配置所起作用的程度，是一个从中央计划部门的经济权力向分散的经济主体中过渡的过程。在市场化程度低的地区，政府对经济起着更为重要的主导作用，即政府往往比企业处于更高的社会结构位置，而拥有高位置社会关系的行动者会更具竞争优势。而在市场化程度高的地区，制度环境正式化程度也较高，正式制度规则对资源的配置、控制和约束的能力及范围都会扩大，透明具体的规则得到运行，政府对资源的配置权力以及对经济的干预能力下降，市场配置资源的空间将会得到扩张，企业在资源配置中的作用更大。同时，市场化程度在科技创新中的地位非常重要，它决定了科技成果的经济转化，以期为我国科研事业发展带来经济效益，企业作为市场主体在科技成果转化过程中发挥着重要作用（Griliches Z., 1979）。李俊霞和温小霓（2019）在研究中表示，企业更应该提高 R&D 投入比例，进一步促进高质量科技研发创造新产品和新市场，支持优势企业开展原创前沿技术攻关，从而激发市场活力。李媛（2017）对政府科技投入效率及其影响因素进行研究时得出结论，科技资金来源的市场化程度对科技投入效率有正面影响。因此，本书将企业科研经费占科研经费总量的比重（MD）作为市场化程度的衡量指标（MD）。

本书通过文献整理，并根据西部地区特点，将选取如表 4-24 所示指标作为影响因素分析的指标。

表 4-24 科技投入产出效率影响因素指标选取

指标	含义
科技进步（TFP）	R&D 经费/GDP
人力资本质量（Hum）	博士学历科研人员/总体科研人员数量
投入结构（IS）	基础研究经费/科研经费总量
市场化程度（MD）	企业科研经费/科研经费总量

资料来源：《中国科技统计年鉴》（2009~2016）。

4.4.2 Tobit 模型构建

Tobit 模型也称为样本选择模型、受限因变量模型，是因变量满足某种约束条件下取值的模型。这种模型的特点是：①表示约束条件的选择方程模型；②满足约束条件下的某连续变量方程模型。研究感兴趣的往往是受限制的连续变量方程模型，但是由于因变量受到某种约束条件的制约，忽略某些不可度量（即不是通过观测值，而是通过模型计算得到的变量）的因素将导致受限因变量模型产生样本选择性偏差（王虹、胡胜德，2017）。因此，Tobit 模型也被称为截取回归模型。传统模型根据截点的不同分为三种：左端截取、右端截取和两端同时截取（李平、王春晖，2010），本书在传统 Tobit 模型的基础上进行左端截取，并将截点设为 0，被解释变量均为大于 0 的数值，因而采用 Tobit 模型进行西部地区科技投入绩效的影响因素分析以解决这一问题。根据所选取的影响因素指标，本书构建如下 Tobit 模型：

$$SE = \alpha_{11} + \alpha_{12}Hum_{nt} + + \alpha_{13}TFP_{nt} + \alpha_{14}IS_{nt} + \alpha_{15}MD_{nt} + \varepsilon_1 \qquad (4-9)$$

$$SE_0 = \alpha_{21} + \alpha_{22}Hum_{nt} + + \alpha_{23}TFP_{nt} + \alpha_{24}IS_{nt} + \alpha_{25}MD_{nt} + \varepsilon_2 \qquad (4-10)$$

$$SE_1 = \alpha_{31} + \alpha_{32}Hum_{nt} + + \alpha_{33}TFP_{nt} + \alpha_{34}IS_{nt} + \alpha_{35}MD_{nt} + \varepsilon_3 \qquad (4-11)$$

其中，SE 为本书科技投入绩效衡量指标，即科技投入产出效率，且大于 0；SE_0、SE_1 分别为分阶段科技投入绩效衡量指标，即科技投入成果产出效率和经济产出效率，且大于 0；α_{ij} 为各模型各指标的回归参数，i=1，2，3；j=1，2，3，4，5；n 为各西部地区各省的编号；t 为 t 时期，具体为 2009~2015 年；由于人力资本质量、技术进步、投入结构、市场化程度均为百分数，不用做取对数处理以消除量纲不一致带来的影响；ε_i 为模型科技投入绩效指标的残差项。通过测算各指标的回归参数，能够客观衡量所选影响因素指标对于西部地区科技投入综合效率的影响。

4.4.3　模型测算结果

由表 4-25 随机 Tobit 模型回归结果可以得出，模型 RHO 值均在 0.1 以上，说明西部地区的科技投入综合效率、成果产出效率和经济产出效率的变化大部分是由个体效应的变化所引起的。似然比检验统计量及其显著性表明接受"存在个体效应"的零假设，随机 Tobit 模型适合本书的研究，因此运用随机 Tobit 模型进行影响因素分析，分析结论如下：

表 4-25　科技投入绩效影响因素的随机 Tobit 模型回归结果

变量	模型一	模型二	模型三
常数项	−3.013755 ** (1.383314)	−0.5155371 ** (0.7408367)	−0.2615279 ** (3.341572)
TFP	1.427381 *** (0.3705)	0.7280534 *** (0.2564764)	0.464073 *** (1.170064)
Hum	7.881282 (8.154335)	3.465923 (3.894778)	9.4895 (11.33727)
IS	6.256439 *** (4.20401)	3.294306 *** (2.554179)	4.11347 ** (3.78685)
MD	3.289024 * (1.293257)	0.7919982 * (0.7714892)	0.2824979 *** (3.617876)
个体效应标准差	0.209309 *** (0.1538087)	0.3410278 *** (0.0851971)	1.501839 *** (0.3843965)
随机干扰项标准差	0.7932949 *** (0.0699717)	0.2426727 *** (0.0214521)	1.128547 *** (0.1000721)
RHO	0.650847 (0.1132537)	0.6638504 (0.1217596)	0.6391138 (0.1091352)
似然比检验（卡方）	35.65	36.00	34.88

注：*、**、***分别表示在 0.1、0.05 和 0.01 显著性水平下显著。

对于科技投入绩效的影响因素而言，技术进步、人力资本质量、投入结构、市场化水平对科技投入产出综合效率、科技投入成果产出效率以及科技投入经济产出效率的影响保持一致性。

（1）技术进步（TFP）对西部地区科技投入综合效率、科技投入成果产出效率以及经济产出效率具有显著的正向影响，且其回归系数均通过了1%的显著性检验。表明西部地区技术进步越大，其科技活动效率越高。在本书中技术进步用R&D投入强度来衡量，研发经费投入占GDP的比重，我国西部地区相较于东部地区和中部地区，研发经费的投入相对较少，这一方面不利于科研活动的有效开展和实施，限制了科研人员的科研执行力，进一步打击了科研人员的科研积极性，从而出现科研成果数量较少、质量不高的情况；另一方面因为研发经费的配置能力较弱，造成了资源浪费。因此，西部地区应该进一步加强科研经费的投入和配置，从而提高科技活动效率，进而提高科技投入绩效。

（2）关于人力资本质量对科技投入绩效的影响，上述模型的估计结果并不能提供明确的结论。在三种回归模型中，该变量的估计系数均未通过显著性检验。尽管人力资本质量（Hum）变量的回归系数并不显著，但是其估计系数符号为正，在一定程度上暗示了高质量的人力资本有利于科技活动效率的提升。人力资本作为科技活动不可缺少的一部分，在科技活动过程中起到至关重要的作用，人力资本的质量越高越可以促进科研活动的开展，提高科研成果质量。本书中将博士科研人数占总科研人数的比重作为人力资本质量的衡量标准，但是由于西部地区拥有博士学历的科研人员过少，对西部地区的科技活动效率影响不强，因此，现阶段应该把提高科研人力资本质量作为西部地区提升科技投入绩效的一项措施。

（3）投入结构（IS）变量的估计系数为正，且对科技投入综合效率和科技投入成果产出效率的影响均通过了1%的显著性检验，而对科技投入经济产出的影响通过了10%的显著性检验，这表明投入结构变量对科技活动效率的提高具有显著的正向推动作用，即基础经费越高，其科技活动效率水平相应越高，这与西部地区的科技活动现实具有一致性。而对于经济产出的影响则是弱于成果产出效率的影响的，因为本书衡量投入结构是通过基础研究经费占科研经费总量的比重来体现的，基础研究作为创新的源头，对科技成果产出有直接的促进作用，而西部地区由于基础研究经费投入少、比例较低而与其他地区存在较大差异，近几年，西部地区也以增加基础研究经费投入提高自身的科技创新能力，进而提高自身科研水平，促进自身科技的发展。

（4）市场化程度（MD）的估计系数为正，对科技投入绩效三个指标均有明显的促进作用。对科技投入综合效率和科技投入成果产出效率的影响均通过了10%的显著性检验，然而，对经济产出效率的影响则是通过了1%的显著性检验，显著性最大，表明市场化程度的提升有助于科技投入绩效的提升，市场化程度是通过企业经费投入占总科研经费的比重进行衡量的。因此，通过影响因素分析得出，市场化程度更有助于成果转化为经济产出。近几年，西部地区科研活动的市场化程度有逐步提高的趋势，这在一定程度上支持了我国建立以企业为主体的科技创新体系的战略目标。

4.5 本章小结

本章通过数据收集及评价体系的构建并进行实证分析，将实证结果概括为以下几点：

首先，通过建立超效率 DEA 模型，对西部地区的科技投入产出效率进行总体和分阶段分析，并将分阶段投入产出效率与东部、中部地区进行比较，得出以下结论：①对西部地区投入产出综合效率进行分析可知，西部地区综合效率低于东部、中部地区，且大于西部地区第一阶段和第二阶段的投入产出效率，平均效率值达到 1.3 以上，处于 DEA 有效状态。②在对西部、东部、中部地区科技投入产出效率进行分阶段研究时，针对第一阶段科技成果产出效率对比分析发现，西部地区第一阶段成果产出效率同样低于东部、中部地区，在三大地区内部，西部地区各省份效率差值最大，呈现出两极分化现象；在第二阶段经济效率对比分析研究中，西部地区变化幅度较大，在 2012 年处于平均效率最小值，东部、中部变化幅度较小，且效率值高于西部地区。

其次，通过对泰尔指数的测算，进一步探究西部地区与东部、中部地区存在的差异，进而根据对各区域科技投入产出效率进行区域差异分析研究发现，西部地区科技投入产出效率呈现明显的区域差异特征，基于实证研究，得出以下结论：①通过对东部、西部、中部进行区域差异分析发现，科技投入产出效率、科技投入成果产出效率、经济产出两大产出区域间平均差异小于区域内平均差异，说明科技投入绩效差异主要体现在三大区域自身内部各省份之间。②通过对科技投入产出效率、科技投入成果产出效率和经济产出效率区域内差异研究发现，效率差异呈现出西部地区大于东部、中部地区，中部地区最小。

最后，通过建立 Tobit 模型进行影响因素分析发现，科技进步（TFP）、投入结构（IS）、市场化程度（MD）三个因素对西部地区科技投入产出效率有显著的促进作用，人力资本质量（Hum）对科技投入产出效率影响不显著。

5

陕西省高校科研经费投入与经济增长的现状及问题分析

根据前文的文献综述及理论分析，高校科研经费投入与经济增长是紧密联系的，两者能够相互促进、共同发展。陕西省作为我国西部地区的科教大省，为更好地探讨陕西省高校科研经费投入对经济增长的影响，因此有必要分析陕西省在高校科研经费投入与经济发展方面存在的特点，了解其优势及存在的不足所在。

5.1　陕西省高校科研经费投入现状分析

高校作为创新体系中不可或缺的一部分，在国家创新驱动发展战略的实施中发挥着不可替代的作用。科研活动的开展离不开科研经费的有力保障，科研活动的最终目的是取得最大的成果。本章首先分析陕西省高校科研经费投入现状，并剖析科研经费使用过程中存在的问题。

5.1.1　经费来源情况

高校科研经费投入按来源渠道的不同，可分为政府资金投入、企业资金投入，及其他资金投入。政府资金投入是指国家基金委，各省份的政府科研管理部门按照一定的标准程序拨放给高校的科研项目经费。除政府资金投入之外的科研经费称为横向科研经费，其中，企事业资金投入是指企业、事业单位等委托高校研究与合作而投入的资金；民间资本是指来自社会民间委托合作的科研经费，这部分资金相对占比不大，但随着科研众筹模式的兴起，这部分增长也较为迅猛；境外资金投入是指来自本国以外的基金以及非基金类的科研经费拨款或捐赠。

从表5-1以及图5-1可以看出，近九年来陕西省高校科研经费投入总额不断增大，从2008年的3704522千元增加到2016年的7375947千元，增加了将近1倍。2008~2013年，陕西省高校科研经费投入总额在不断增大，在2014年有所下降，但之后又开始增长，总体而言，陕西省高校科研经费投入处于上升趋势。观察陕西省高校科研经费投入的不同来源渠道的比例可以看出，政府资金投入一直占高校经费投入总额在一半以上，占据着比较重要的位置，投入总额从2008年的2164246千元增加到2016年4237968千元；企事业拨入的资金也是高校科研经费来源的一个重要渠道，从2008年的1424038千元增加到2016年的2972375千元，总体占比保持在40%左右；相比较政府和企事业单位的资金投入而言，来自民间团体以及境外资金的占比相对较小，前几年一直保持着增长趋势，近两年稍微下降，但总体占比保持在2.5%左右。综上可见，陕西省高校科研经费的筹集渠道主要依赖于政府资金，其次，企事业单位资金也有着重要的作用，其他来源渠道的资金相对较少。

表5-1　2008~2016年陕西省高等学校经费投入

年份	总计（千元）	政府拨入资金（千元）	比重（%）	企事业拨入资金（千元）	比重（%）	其他（千元）	比重（%）
2008	3704522	2164246	58.42	1424038	38.44	116238	3.14
2009	4285551	2575184	60.09	1572409	36.69	137958	3.22
2010	4665208	2421678	51.91	2070847	44.39	172683	3.70
2011	6139369	3777738	61.53	2135869	34.79	225762	3.68
2012	6725788	3987995	59.29	2514085	37.38	223708	3.33
2013	7244350	4442617	61.33	2597515	35.86	204218	2.82
2014	6969507	4190188	60.12	2581710	37.04	197609	2.84
2015	7108723	3675912	51.71	3237063	45.54	195748	2.75
2016	7375947	4237968	57.46	2972375	40.30	165604	2.25

资料来源：《高等学校科技统计资料汇编》（2008~2016年）。

从图5-2能更清晰地看出，2016年陕西省高校科研经费投入总额中，政府资金投入金额为4237968千元，占比约为60%，企事业单位资金投入金额为2972375千元，占比约为38%，民间资金以及境外资金等其他资金为165604千元，占比约为2%。

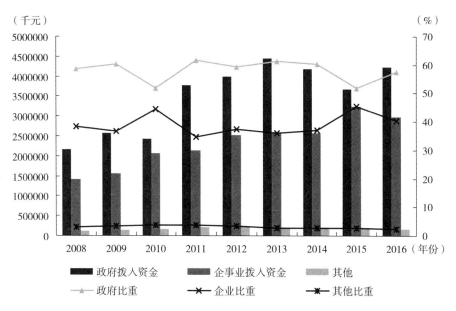

图 5-1　2008~2016 年陕西省高等学校经费来源分布

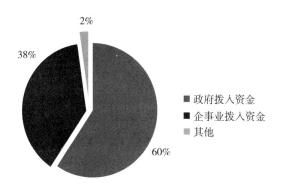

图 5-2　2016 年陕西省高等学校经费来源分布

5.1.2　支出结构情况

高校科研经费按支出结构可分成三种经费类别，即基础研究、应用研究和试验与发展研究。基础科研经费是指用于认识现象和事实的基本原理、规律而需要的费用支出；应用研究经费是指探索基础研究成果的可能用途而需要的经费支出；试验发展经费是指用基础研究与应用研究的成果来探索新的产品、工艺、服务以及对上述各项进行实质性的改进。

从表5-2和图5-3可以看出，近九年来陕西省高校科研经费支出总额一直处于上升趋势，从2008年的2073952千元增长到2016年的4282322千元。其中基础研究经费支出总额从2008年的310492千元增长到2016年的1303408千元，增长了近3.2倍；应用研究经费支出总额从2008年的879443千元增长到2016年的2160396千元，增长了近1.5倍，总体上是上升趋势；试验发展经费支出总额从2008年的884017千元下降到2016年的818518千元，投入总额波动明显、趋势不稳，2008～2010年处于下降趋势，2011～2013年处于上升趋势，2014年之后又有所下降。观察陕西省高校科研经费不同支出结构的比例可以看出，应用研究经费一直占据着较大的支出比重，基础研究经费的支出比重虽然仍相对较小，但比重一直处于增长趋势，从2008年的14.97%增长到2016年的30.44%，增长了1倍多；试验发展研究经费的支出比重总体上处于一个下降的趋势，从2008年的42.62%下降到2016年的19.11%，减少了1倍多。

表5-2　2008～2016年陕西省高等学校经费支出结构

年份	合计 （千元）	基础研究 （千元）	比重 （%）	应用研究 （千元）	比重 （%）	试验发展 （千元）	比重 （%）
2008	2073952	310492	14.97	879443	42.40	884017	42.62
2009	2159311	396902	18.38	953480	44.16	808929	37.46
2010	2545526	604319	23.74	1216306	47.78	724901	28.48
2011	3413985	928281	27.19	1599503	46.85	886201	25.96
2012	3784747	893232	23.60	1617098	42.73	1274417	33.67
2013	4025542	1080977	26.85	1574364	39.11	1370201	34.04
2014	4214809	1020122	24.20	1910172	45.32	1284515	30.48
2015	4229325	1087687	25.72	2421107	57.25	720531	17.04
2016	4282322	1303408	30.44	2160396	50.45	818518	19.11

资料来源：《高等学校科技统计资料汇编》（2008～2016年）。

从图5-4能更清晰地看出，2016年陕西省高校科研经费支出结构中，基础研究经费支出金额为1303408千元，占比为30.44%；应用研究经费支出金额为2160396千元，占比为50.45%；试验发展研究经费支出金额为818518千元，占比为19.11%。

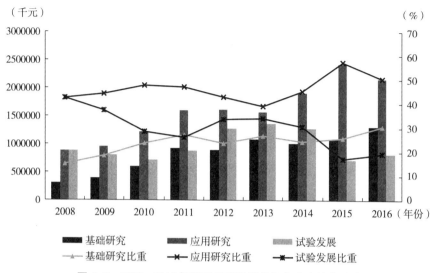

图 5-3 2008~2016 年陕西省高等学校经费支出结构分布

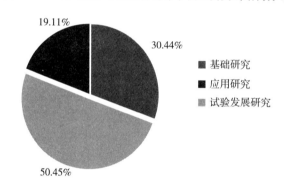

图 5-4 2016 年陕西省高等学校经费支出结构分布

5.1.3 科研产出情况

高校科研实力水平的衡量很大程度上体现在科研产出的成果上，科研产出成果通过提高企业生产率和优化产业结构从而对经济增长产生积极的影响。2016 年全国高校的学术论文发表量为 870529 篇，科技著作出版量为 13113 部，专利申请数为 184423 项，专利授权数为 121981 项，专利出售数的合同数为 2695 项。本书在对陕西省高校科研产出进行研究时，主要选取了科技专著、学术论文、成果授奖、专利的申请数以及参与科研经费资助项目的研究生人数等指标，从这些层面来阐述陕西省高校科研产出情况。

由表 5-3 我们可以看出，2008~2016 年，陕西省高校科研产出成果总量处于不断上升趋势，出版的科技专著从 2008 年的 579 部增长到 2016 年的 669 部，增长幅度不大；发表的学术论文从 2008 年的 34055 篇增长到 2016 年的 43013 篇，仅增加了 0.3 倍，波动幅度不大，但是国外的学术刊物从 2008 年的 4466 篇增长到 2016 年的 12605 篇，增加了 1.8 倍，说明发表的学术论文质量水平越来越高；成果授奖数从 2008 年的 236 项下降到 2016 年的 223 项，总体变化不大；专利申请数从 2008 年的 1456 项增长到 2016 年的 8917 项，增加了 5.1 倍；专利授权数从 2008 年的 711 项增长到 2016 年的 6816 项，增加了将近 8.6 倍；专利出售数从 2008 年的 2578 项增长到 2016 年的 38461 项，增加了近 13.9 倍，可以看出高校产出成果中专利产出的增加幅度较大；参与科研经费资助的研究生人数从 2008 年的 13316 人增长到 2016 年的 31589 人，增加了将近 1.4 倍，总体上处于上升趋势。

表 5-3 2008~2016 年陕西高校科研产出成果状况

年份	专著（部）	发表论文（篇）		成果授奖（项）	专利申请数（项）	专利授权数（项）	专利出售数（项）	人才培养数（人）
		合计	其中：国外学术刊物					
2008	579	34055	4466	236	1456	711	2578	13316
2009	589	34569	4879	207	2054	954	5608	13630
2010	626	35572	6215	230	3069	1243	6620	18586
2011	652	37078	7520	230	3953	2069	22605	20846
2012	624	41417	10240	219	5014	2841	18518	23755
2013	746	39244	9797	288	5588	3932	6843	29386
2014	614	39160	10228	236	6867	4994	6369	30490
2015	596	39188	10459	242	6841	5024	19842	30165
2016	669	43013	12605	223	8917	6816	38461	31589

资料来源：《高等学校科技统计资料汇编》（2008~2016 年）。

5.2 陕西省高校科研经费投入问题分析

通过以上对陕西省高校科研经费投入现状的分析，以及结合对陕西省高校科研人员的问卷调查结果，我们能够发现在经费的投入中还存在着一些不足之处，具体如下。

5.2.1 科研经费投入力度不足

科技投入强度是科研活动顺利开展的有力保障，和一个国家、一个地区的科技创新能力密切相关，近年来，我国科研经费的投入规模在不断扩大的同时，科研经费的投入强度也在不断增加，高校作为区域创新体系的重要组成部分，高校科研经费的投入规模占所属区域的 GDP 比重是一个地区对高校科研活动投入力度的有效衡量指标。本书通过横向对比，发现陕西省高校科研经费投入占GDP 的比重相对较低，东部地区最高的是北京市，所占比重达到 0.48%；其次是黑龙江省，所占比重为 0.27%，天津和上海所占的比重依次也达到 0.25% 和0.23%。中部地区最高的省份是湖北省，高校科研经费比重为 0.11%；西部地区所占比重最高的为陕西省，所占比重为 0.15%；其次是四川省，所占比重为0.11%。陕西省虽然是西部地区所占比重最高的省份，但是与东部发达地区相比，尤其是与北京市相比较，差距是很大的，表明陕西省当地政府和企业对其所在地区的高校科研经费投入力度相对不足。

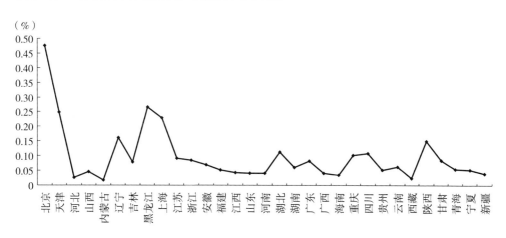

图 5-5　2016 年全国各省份高校科研经费投入占 GDP 比重

5.2.2 科研经费使用效率不高

近年来，我国对科研经费的投入规模不断加大，然而科研经费的利用率却一直饱受诟病，现实中违规违法使用、滥用科研经费的个案频发，科研腐败乱象较为常见。陕西省高校为科研经费使用的一个重要载体，本书通过对陕西省高校科研人员进行问卷调查，发现也存在着科研经费利用率不高这一问题。在进行问卷设计时，本书从以下 7 个层面来调查衡量科研经费的利用率，分别用 W1、W2、W3、W4、W5、W6、W7 来表示，其中 W1 表示"科研资助体系中内部人控制现象严重，公开、公平、公正原则执行困难"、W2 表示"有意夸大科研经费的预算金额，尽可能多要钱"、W3 表示"科研经费使用中包含一些与课题研究无关的支出"、W4 表示"重复购置科研资产，造成流失浪费"、W5 表示"用各种票据尽快把科研经费套现"、W6 表示"随意外拨科研经费，存在经费流失的漏洞"、W7 表示"多头管理、层层提取导致科研经费缩水"。

　　图 5-6 是对以上 7 个调查问题进行分析处理的结果，从图中可以清楚地看出，有 75% 的调查者认为在科研经费的资助过程中人为控制、资金分配不合理、科研经费购买资产时存在的重复浪费等现象都是处于严重程度及以上的；有 67.86% 的调查者认为科研经费在预算申请时过于夸大资金额度、经费在使用过程中存在无关支出、经费层层提取导致缩水等这些现象都是处于严重程度及以上的；有 64.29% 的调查者认为用各种票据套现经费是处于严重程度及以上的；有 46.43% 的调查者认为科研经费随意外拨、存在流失漏洞现象是处于严重程度及以上的。通过对调查数据的分析，可以看出陕西省高校科研经费的利用率不高这一问题。

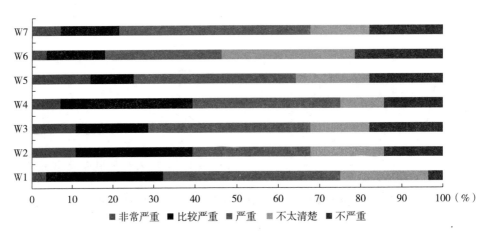

图 5-6　科研经费利用率的 7 个层面调查结果分布

5.2.3 科研产出成果转化率较低

陕西省作为西部地区的科教大省，从科技投入和发展水平上来看，陕西在科技实力上拥有比较明显的优势。然而，作为一个拥有丰厚科技资源的地区，却一直存在广受诟病的"科技经济两张皮"现象。通过对调查问卷的分析，有30.15%的调查者认为高校的科研成果转化率较低，有38.23%的调查者认为是一般，大部分科研人员注重的是课题项目的申请，而没有重视科研产出成果的转化。

另外，科研成果转化还可以用技术市场成交额和专利的申请、批准量这两个指标来衡量。以技术市场成交额指标作为衡量标准，图5-7是2016年各省份高校技术市场成交额。按照东中西地区横向对比来看，东部地区最高的是北京市，技术市场成交额为96081万元；中部地区最高的是安徽省，技术市场成交额为50253万元；西部地区最高的是重庆市，技术市场成交额为45705万元，陕西省的技术市场成交额为27051万元，在西部地区排名第二，但与北京市和安徽省相比，仍有很大差距。

（千元）

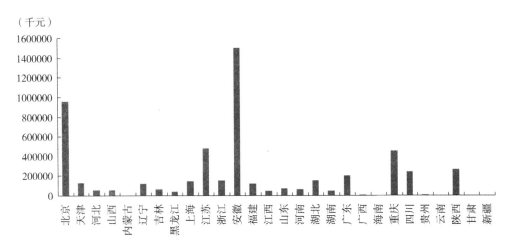

图5-7 2016年全国各省份高校技术市场成交额

以三项专利申请受理作为衡量标准，2016年全国各省份高校三项专利受理数和三项专利授权数如图5-8所示。按照东部、中部、西地区横向对比来看，东部地区三项专利受理数和三项专利授权数最高的都是江苏省，分别为29172项和18470项。中部地区三项专利受理数最高的是湖北省，申请量为9831项；

其次是黑龙江省。三项专利授权数最高的黑龙江省，授权数为6130项；其次是湖北省。西部地区三项专利受理数和三项专利授权数最高的都是陕西省，分别为8917项和6816项。从西部地区来看，陕西省的专利申请和授权数比较高，但和东部、中部地区相比，仍有一定差距。通过上述两个指标可以看出，陕西省的高校科技实力虽然较强，但是高校科研产出成果的转化率较低，从而导致陕西省的科技优势没有转化为经济优势。

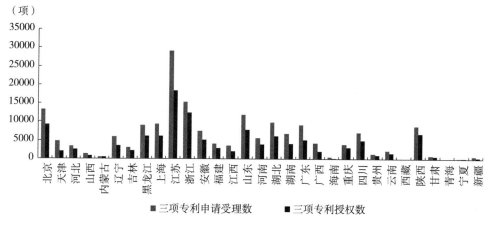

图5-8　2016年全国各省份高校三项专利受理和授权数

5.3　陕西省经济增长的现状分析

5.3.1　经济总量及增长速度

本书以陕西省的生产总值GDP来衡量经济总量，是陕西省一年的总产出。由表5-4可以看出，近九年来陕西省的生产总值GDP不断增大，经济增长势头较好，2010年陕西省生产总值达到万亿元以上，GDP从2008年的7314.58亿元增长到2016年的19399.59亿元，增长了1.6倍；人均GDP从2008年的19700元增长到2016年的51015元，增长了将近1.6倍；GDP的增长速度虽然处于下降趋势，但是这和我国近年来倡导的经济速度放缓、实现经济转型升级的大背景有关。2008~2016年，陕西省的经济增长速度一直在7.6%以上。

表 5-4 2008~2016 年陕西省 GDP 及人均 GDP

年份	GDP（亿元）	GDP 增长速度（％）	人均 GDP（元）
2008	7314.58	15.60	19700
2009	8169.80	13.60	21947
2010	10123.48	14.60	27133
2011	12512.30	13.90	33464
2012	14453.68	12.90	38564
2013	16205.45	11.00	43117
2014	17689.94	9.70	46929
2015	18021.86	8.00	47626
2016	19399.59	7.60	51015

资料来源：根据《陕西省统计年鉴》（2017）整理所得。

从图 5-9 中我们可以看出，陕西省和全国 GDP 增速的变化基本保持一致，处于一种下降的趋势，并逐渐稳定在 7％左右，但陕西省的各年 GDP 增速是高于国家 GDP 增长速度的。2008 年陕西省的 GDP 增长速度为最大值 15.6％，之后因为国际金融危机的影响，GDP 增长速度出现下滑，2010 年经济开始好转，GDP 增速开始上升，增速为 14.6％，随着我国对绿色环保、经济可持续发展的逐渐重视，开始不断放缓经济增长速度而提高经济增长质量，因此从 2012 年我国经济增长速度不断下降，陕西省的 GDP 增速也不断下降，近两年来稳定在 7％左右。

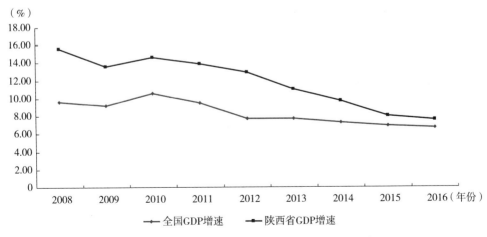

图 5-9 2008~2016 年陕西省和全国 GDP 增速比较

5.3.2　产业结构

产业结构的合理化是国民经济持续、快速发展的必备条件，能够有效平衡社会的总供给和总需求，提高社会经济效益，学术研究上经常用三大产业来分析经济发展情况。陕西省的第一产业增加值从 2008 年的 753.72 亿元增加到 2016 年的 1693.84 亿元，第二产业增加值从 2008 年的 3861.12 亿元增加到 2016 年的 9390.88 亿元，第三产业增加值从 2008 年的 2699.74 亿元增加到 2016 年的 8080.67 亿元，三大产业的增加值规模是不断扩大的，增加值变化从大到小依次是第二产业、第三产业和第一产业。

表 5-5　2008~2016 年陕西省三大产业增加值（亿元）

年份	第一产业	第二产业	第三产业
2008	753.72	3861.12	2699.74
2009	789.64	4236.42	3143.74
2010	988.45	5446.10	3688.93
2011	1220.90	6935.59	4355.81
2012	1370.16	8073.87	5009.65
2013	1460.97	8912.34	5832.14
2014	1564.94	9577.24	6547.76
2015	1597.63	9082.13	7342.10
2016	1693.84	9390.88	8080.67

资料来源：《陕西省统计年鉴》（2017）。

5.4　陕西省经济增长的问题分析

5.4.1　第三产业所占比重增长缓慢

通过比较 2008~2016 年陕西省和全国三大产业占 GDP 比重，可以发现，陕西省的第一产业所占比重从 2008 年的 10.3% 减少到 2016 年的 8.8%，变化幅度不大；第二产业所占比重从 2008 年的 52.8% 减少到 2016 年的 49%，变化幅度不大，比重基本保持在 50% 左右；第三产业所占比重从 2008 年的 36.9% 上升到 2016 年的 42.2%，虽然所占比例有所提高，但是由于第三产业的增长速度缓慢，和全国第三产业所占比重的平均值相比，差距非但没有缩小，反而在进一步拉大，从 2008 年的相差 6% 扩大到 2016 年的相差 9.4%。第三产业的增长缓慢不仅会制约第一产业和第二产业的发展，而且也会严重影响陕西省整体的经济协调发展。如表 5-6 所示。

表 5-6　2008~2016 年陕西省和全国三大产业占 GDP 比重　　单位:%

年份	地区	生产总值	第一产业	第二产业	第三产业
2008	陕西	100	10.3	52.8	36.9
	全国	100	10.3	46.9	42.8
2009	陕西	100	9.7	51.9	38.9
	全国	100	9.8	45.9	44.3
2010	陕西	100	9.8	53.8	36.4
	全国	100	9.5	46.4	44.1
2011	陕西	100	9.8	55.4	34.8
	全国	100	9.4	46.4	44.2
2012	陕西	100	9.5	55.8	34.7
	全国	100	9.4	45.3	45.3
2013	陕西	100	9.0	55.0	36.0
	全国	100	9.0	44.0	46.7
2014	陕西	100	8.8	54.8	36.4
	全国	100	9.1	43.1	47.8
2015	陕西	100	8.9	50.4	40.7
	全国	100	8.9	40.9	50.2
2016	陕西	100	8.8	49.0	42.2
	全国	100	8.6	39.8	51.6

资料来源:《中国统计年鉴》(2017) 和《陕西省统计年鉴》(2017)。

5.4.2 科技进步对经济增长的贡献不够

科技投入对经济增长产生积极促进作用的一个表现是出现大量的新产品，另一个表现是高技术产业的蓬勃发展。新产品是采用新构思、新技术原理研发生产的全新产品，或者在原有产品、工艺、服务上进行实质性的改进，从而在产品性能或使用功能上有所提升的产品；高技术产业是一种在研究发展领域上投入较多、以高技术产品开发生产为主导的知识和技术密集型产业。由于当前中国处于工业化的中期阶段，科研投入产出主要集中在制造业领域。因此，本书从高技术产业主营业务收入占 GDP 的比重以及规模以上工业企业新产品销售收入占 GDP 的比重这两个角度来衡量一个地区科技进步对经济增长的贡献力度。

从图 5-10 中我们能够清晰地看到，无论是高技术产业主营业务收入占 GDP 的比重，还是规模以上工业企业的新产品销售收入占 GDP 的比重，陕西省都是比较低的。横向比较全国各地区高技术产业主营业务收入占 GDP 的比重，东部地区最高的是广东省，占比达到 46.71%；其次是江苏省，占比为 39.68%。中部地区最高的是江西省，占比为 21.26%。西部地区最高的是重庆市，占比为 27.6%；其次是四川省，占比为 18.2%；而陕西省的占比为 12.34%，和东部地区的广东省、江苏省差距较大，尤其和重庆市比较，差距甚大，说明陕西省高技术企业主营业务收入对当地的国内生产总值带动作用较弱。横向比较全国各地区规上工业企业的新产品销售收入分别占所属地区的 GDP 比重，东部地区最高的是浙江省，占比达到 45.28%；其次是江苏省和广东省，占比分别为 36.29% 和 35.46%；中部地区最高的是安徽省，占比为 29.99%。西部地区最高的是重庆市，占比为 28.26%，其次是四川省，占比为 9.24%，而同期陕西省所占比重为 6.37%，通过对比发现，无论是与东部地区相比，还是与同处于西部地区的重庆市相比，陕西省规模以上工业企业的新产品销售收入对当地生产总值的带动作用不强。

这两个指标横向比较的结果明显表明了在陕西省的经济增长中科技进步对经济增长的贡献不足。这表明陕西省虽然拥有相对丰厚的科技资源，但是这种科技实力方面的优势并没有很好地转化为经济优势，这与上文中分析的陕西省高校科技成果转化率低的现象是基本一致的，这些问题能进一步说明陕西省当前存在的科技经济"两张皮"问题。

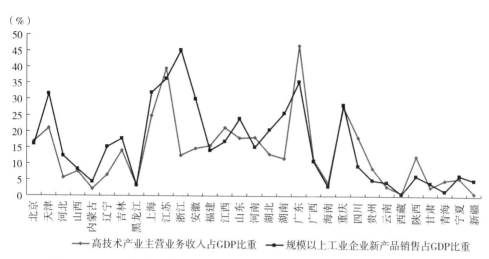

**图 5-10　2016 年全国各省份高技术产业主营业务收入和规模以上工业企业
新产品销售收入各占 GDP 比重**

5.5　本章小结

通过对本章的分析，在科研经费投入方面：政府和企业对高校科研经费投入规模不断扩大；经费的支出结构不断优化；科研经费的产出成果越来越多。在经济增长方面，经济总量不断扩大，经济增长速度一直处于全国平均水平之上；三大产业的规模不断扩大。从整体上来看，无论是陕西省高校的科研经费投入还是经济增长，貌似都处于一种良好的发展势头。但是其中存在的隐患值得引起我们的重视。

对于陕西省高校科研经费投入，通过问卷调查和数据资料对比分析，发现存在着以下问题：①陕西省当地政府及社会资金对高校的经费投入力度不足；②科研经费在使用中存在着违法违规行为从而导致资金利用率不高；③陕西省高校的科研成果转化率较低。

对于陕西省经济增长，通过和全国数据的对比分析，发现存在着如下问题：①与全国第三产业所占比重平均值相比，陕西省的第三产业所占比重增长缓慢；②科技进步对当地经济增长的贡献不足。本书通过深入研究陕西省高校科研经费投入及经济增长存在的一些问题，以便能够有针对性地提出解决此类问题的政策建议。

6

陕西省高校科研经费投入对经济增长影响的实证分析

6.1 高校科研经费投入对经济增长的影响机理

科学研究对一个国家的经济社会发展水平至关重要，而科研活动的开展离不开科研经费的有力保障，科研经费投入能带来经济社会效益已成为一种广泛的共识。高校作为区域创新体系中不可或缺的一部分，对高校的科研经费投入规模不断扩大，那么，高校科研经费是如何对经济增长产生积极的促进作用的呢？本书通过阅读研究大量文献，在综合分析的基础上，厘清高校科研经费对经济增长产生影响是一个间接的作用过程，科研经费的投入能带来科研成果的产出，人才培养、论文专著以及发明专利等创新产出成果实现知识溢出，一方面被企业所吸收、转化为企业的知识存量，带动企业的技术创新，从而提高企业的生产效率；另一方面知识创新能催生新兴产业群，促进高技术产业的发展，从而优化区域的产业结构，毋庸置疑，企业生产效率的提高和产业结构的优化对经济增长具有积极的促进作用。本节首先探讨高校科研经费投入影响经济增长的微观基础；其次以科研产出成果为中介，分析创新产出成果在影响过程中发挥的中介作用；最后构建高校科研经费投入对经济增长的影响机理理论模型，并提出本书的研究假设。

6.1.1 高校科研经费投入影响经济增长的微观基础

高校科研经费投入对经济增长产生影响需要具备相应的微观载体，这种载体也就是所谓的微观基础。高校科研经费投入为高校开展科研活动提供资金保障，高校作为区域创新体系的重要组成部分，对促进经济增长发挥着不可替代的贡献作用。区域创新体系的核心主体是高校、企业和研究机构。因此，高校科研经费投入影响经济增长的微观基础包括高校研发活动、企业间以及高校与企业间发生的知识流动三个方面的内容，其中高校研发活动是影响过程的发起端，企业是影响过程的接收端，高校与企业分别作为知识的供需方，只有保持知识的流动才能实现高校知识的经济价值。

6.1.1.1　经费投入是开展研发活动的物质前提

充足的科研经费投入是高校研发活动顺利开展的重要保障，高校科研经费投入的规模和结构直接影响到高校的研发能力和效率。高校科研经费的主要来源渠道是政府经费投入和企业投入。一直以来，政府都非常支持高校的研发工作，希望能最大化发挥高校的研发能力，创造更多的经济社会效益。高校由于具备学科齐全、知识密集的优势，是国家创新系统的不可或缺的组成部分、是一个国家技术发展的重要创新源泉。科学知识是一种带有公共物品性质的知识，虽然其生产成本很高，但是传播成本却很低，在使用上也没有独占性及排他性的特点，基于上述原因，很有必要由政府来提供科学知识，或者说由政府牵头主导创造。高校作为科学知识生产的重要基地，很多国家都会对高校提供大力的财政资金支持。政府经费投入是社会经费投入的重要组成部分，一般占据着很大的比重，政府经费投入的资金主要来源于财政收入。财政收入的多少通常是与该地的国民生产总值密切相关的。为了区域科技创新和经济的可持续发展，国家和地区的有关部门都会将财政收入的一部分作为科技投入。政府的科技投入能够有效地消除创新主体在科研过程中的风险顾虑，激励创新主体开展技术和科技创新。另外，政府科技投入还发挥着示范和保障作用，能够提高企业和其他机构投资相关科研活动的积极性。科研经费投入是一种对从事技术知识或信息生产活动的资金保障，而这些技术知识或信息的公共产品性质，使得科研活动的从事者并不能完全占有其带来的全部利益，企业利益一般情况下会小于社会利益。因此，如果把这类技术知识或信息的生产完全交给市场，从追求利润回报的角度来看，企业通常会缺乏资金投入的积极性；另外，由于从事基础研究和应用研究所获得自身回报和社会回报相比差距更大，因此企业的参与动机更弱。基于上述原因，政府的经费投入是必不可少的，能对基础研究和应用研究的有效开展起到资金保障作用。

从经费来源渠道来看，除了政府经费投入，另一个主要的来源是企业的经费投入。企业作为区域创新的一个主体，大多数企业的研发投资与其销售收入相比，占比很小。在当今这个全球化经济时代，市场竞争加剧、产品的更新换代加快、经营环境的不确定性加大，在这种环境下，企业面临很大的生存压力。很多企业把经费主要用在技术改造和技术设备的引进上，这种行为造成企业的自身研发创新能力较弱，与国外创新能力强的企业相比处于劣势。另外，一些中小型企业，由于自身规模和资金的限制，尽管有提高自身创新能力的想法，但从成本角度来看，创办自己的研发试验室是不经济的。相比之下，高校拥有丰厚的资源及强大的科研能力，因此，选择与高校合作成为明智之举。对企业而言，既能节省成本又能够吸收最新的知识和技术，因此越来越多的企业把科研经费投入高校，通过和高校合作，提高自身的核心竞争力，实现技术的升级与创新。研究发现，在高校科研成果转化为企业生产力的过程中，政府资金投入、企业资金投入以及高校自身筹集的资金成为高校科研成果转移活动的动力源泉。

6.1.1.2　高校研发活动是影响过程的发起端

（1）高校的研发活动类型。按研究类型不同，高校研发活动可分为基础研究、应用研究和试验以及试验发展研究这三种类型。美国科学研究发展局局长布什曾指出：科学研究是一个从基础研究到技术发明的创新链条，他认为科学研究体系的源头是基础研究，基础研究是科学体系的源头，是技术进步的先驱；其次是应用研究，探索基础研究成果的可能用途；再次是发展研究；最后是生产开发，在这个科学研究的序列模式中，后一个环节的开展都是建立在前一个环节的基础上的。他还指出，如果一个国家的基础科学知识依赖于其他的国家，那将会减缓这个国家的工业进步速度，同时它在全球市场贸易中也会处于一种劣势地位。高校作为区域创新体系中的重要组成部分和开展基础研究的主要基地，对科技创新的贡献有着很重要的地位。

基础研究是一种属于科学研究范畴的活动，是指为了获得关于现象和事实的基本原理、发展规律而进行的实验性、理论性研究活动，这种研究活动的初衷不是为了探索某种专门的应用或使用，而是纯粹的知识创新。基础研究的研究成果常常在科学类核心期刊上以学术论文的形式发表或者在学术会议上交流，它创造的是事物或现象的一般理论或规律。基础研究是科技创新的源泉，它不仅是新知识的源泉，而且也能带来新技术的诞生和一个国家抢占科技制高点的机会，对促进产业优化升级、提高产业创新效益发挥重要的作用。基础科学知识的重大突破能够催生新的科学思想和理论，能产生颠覆性的新技术，从而打破原本的产业技术路线。因此，产业结构的转型升级离不开基础研究的重大科技创新，核心技术的突破和应用是实现产业转型升级的原动力。基础研究的知识创新是一国的产业与国际知识接轨的通道，能够让该国企业提高吸收和利用国际知识库中的知识和技能的能力。Mansfield 通过研究发现，基础研究比应用研究更能够促进一个企业的全要素生产率，产生更大的影响效应。高校由于本身远离商业环境气息，因此一直以来是承担基础研究的重要基地。基础研究是技术创新的原动力，对经济社会发展有着直接或间接的显著贡献作用。

应用研究是指为了某种专门或特定的目的而获得创造性知识的研究活动，属于科学研究范畴。基础研究的成果经过应用研究环节来探索其可能的用途，寻找能够达到某种特定目的的新方法或新途径，提供解决现实问题的理论依据。应用研究的成果一般以发表的科技论文、出版的专著、专利或原理模型等呈现。试验与发展研究是指利用基础研究和应用研究的成果来探索新的产品、工艺、材料和服务等，以及在原来已有的上述各项基础上进行实质性的改进工作。研究成果的形式一般是专利、新产品的产品原型、新装置的原始样机等。试验与发展活动是一种为达到某种生产目的而进行的设计或试制，或者是为了形成一定生产应用规模而进行的适应性试验，例如，农业领域进行的新农产品的区域性试验、工业领域为达到新产品规模化生产而进行的工业化试验、在引入的国内外新方法的基础上为满足本部门技术需求而进行的试制活动、对于国内外高科技企业发布的新产品进行的探究及仿制工作。

（2）高校研发活动的特点。高校研发活动是区域创新体系的三大主体之一，同时也是国家开展研发活动的重要执行体之一，与其他科研活动的执行体相比，高校科研活动有以下不同的特点。

第一，高校科研活动更具有创新性。高校是开展基础研究的重要承担主体，与其他研发主体相比，高校的研发氛围更加自由，远离商业气息，在这种环境下，高校的科研人员能够自由地探索科学世界，进行知识创新。因此，高校的研发活动主要进行的是探究关于事物或现象本质规律、原理的基础性科学研究，而企业和研究机构则主要侧重的是应用研究和试验发展研究，是为了商业应用。

第二，高校科研活动的知识外溢效应更明显。高校是一个培养人才，进行知识生产、传播的创新基地，在服务区域经济社会发展中发挥着重要的作用。高校本身的功能决定了它是一个公共知识服务机构，因此，高校在开展科研活动时会对周围产生知识溢出。高校的知识溢出一般会有两种方式，即显性知识溢出和隐性知识溢出。所谓的显性知识溢出一般是指高校科研产出成果中的新技术、新专利等通过出售转让的方式、论文及专著通过发表出版的方式带来的知识溢出；而隐性知识溢出则是指高校科研人员及优秀毕业生所拥有的管理经验、专业技巧等通过互动交流以及产学合作的方式实现的知识溢出。

第三，高校比企业和研究机构的科研投入产出效率更高。在科研活动的执行主体中，高校虽然在科研人员以及科研经费的投入水平上相对较低，但是从论文专著、成果获奖、发明专利等这些科研产出来衡量，高校的研发水平比企业和研究机构的水平高。

（3）高校研发活动的功能。高校研发活动具有知识外溢的特性，在区域经济社会发展中发挥着"助推器"的作用。高校历来是一个培养人才的基地，高校在开展科研活动过程中也承担着培养研发人才和应用人才的作用，年轻的研究者能够学到新的知识和解决问题的方法。随着知识经济的到来，高校的职能在不断演变，从最初的教学型院校到将科学研究和人才培养相结合，在科学研究的过程中培养人才，能够提高人才培养的质量。高校研发活动对区域经济发展带来了很大的贡献。

第一，高校研发活动促进技术进步。高校研发能带来知识创新，知识创新能带动技术进步，尤其是基础科学知识的重大突破能够催生新的科学思想和理论，能产生颠覆性的新技术，进而促进区域经济增长。已有的研究成果表明，高校研发活动对国内生产总值带来长远的正向影响。

第二，高校研发活动助推区域产业结构优化升级。高校研发的创新产出成果会以知识溢出的形式带动区域产业的发展，进而助推区域产业结构的优化升级，尤其是能够带动高技术产业的发展。例如，美国的加州硅谷、中国的北京中关村、日本的东京筑波科技城等这些高科技园区，都是高校经济圈输出的科技成果带动区域产业结构转型升级的重要体现。

第三，高校研发活动增强区域创新能力。高校作为区域创新体系的重要组成部分，高校与企业以及研究机构之间存在互动，高校培养的高层次创新型人才和创造的知识能增强整个区域创新体系的创新能力。

6.1.1.3　企业是影响过程的接收端

现代区域经济发展理论认为一个地区经济要拥有强劲的发展动力，应该打造自己的竞争优势，把重点放在区域创新和区域智力资源上，强调通过加强区域创新体系的建设来打造自身的区域竞争优势。区域创新体系是一个以高校、企业和研究机构为核心主体，政府和中介服务机构为辅助主体的创新系统。区域创新体系视角下高校研发活动是高校科研经费投入影响经济增长过程的发起端，而企业则是影响过程的接收端。

在区域创新体系中，高校、企业和研究机构是创新系统的中流砥柱，在区域协同创新中三大主体发挥着不同的作用。高校的重点是进行基础性研究，承担的是人才培养和知识创新的生产功能，是创新知识的源头；研究机构承担的是知识和技术创新功能；企业主要负责的是知识和技术的应用职能，企业是区域创新系统中最为重要的主体，创新的最终目的是实现科研成果的经济效益，而要实现科研成果的经济效益就要让科研成果商业化。高校科研产出成果会以知识溢出的形式影响企业的生产效率，高校开展科学研究的新知识会以发表论文、出版专著的方式转化为企业的知识存量，为企业的开发提供新的理论和原理参考；高校的发明专利和技术成果以出售转让的方式转化为企业的现实生产力，解决企业生产中的技术难题；高校培养的优秀人才加入企业的经营管理中，提高企业的生产效率，也为企业开展技术创新提供人力资本支撑，高校的科研人员为企业提供技术咨询和技术培训。另外，高校与企业也可以通过校企联合研发的方式取得关键技术领域的突破，开展信息产品的开发，或者企业提供研发经费，以科学问题研究的形式全权委托高校开展课题研究，解决企业现实生产中的难题。高校作为科学研究的重要基地，主要承担的是知识生产和人才培养的职能，并不能将所有的科研成果转化为现实生产力，而盈利是企业存在的价值，没有商业价值的企业是无法生存的，企业会积极地发掘高校产出成果的商业潜力，是将科研产出成果转化为现实生产力的转化器。

6.1.1.4 高校与企业间的知识流动

随着科技信息时代的到来，高校已摆脱了与世隔绝的"象牙塔"形象，高校兼顾科学研究与人才培养的职能，积极地融入经济社会发展，更加重视科研创新成果的技术潜力和经济效益，主动地与政府和企业等组织开展合作。高校在开展研发活动中创造新知识、新思想和新技术，通过知识传播机制使知识得到应用和开发，从而实现知识的经济效益。三螺旋模型理论的提出让我们对高校在区域创新体系中的作用有了更清晰的认识，为本书分析高校与企业间的知识流动提供了理论参考。

三螺旋理论的核心价值在于将高校、企业和政府在区域经济社会发展中联系起来。高校、产业以及政府是知识流动的主体。在区域创新体系中，各创新主体之间以知识流动的形式实现相互作用。所谓的知识流动是指知识能够在整个区域创新体系中实现分享、获得以及传播扩散，各个创新主体在自身知识储备、学习能力以及知识溢出能力的基础上，实现知识的吸收和扩散的过程。OECD认为要实现创新，不仅要投入研发资源，还需要保持技术创新主体之间的知识流动。区域创新体系的共同目标是实现知识的商业化和技术成果的市场转移。高校是知识生产的源泉，而企业承担的是知识和技术的应用，是科研成果实现经济效益的直接受益者，企业根据各创新主体对研发活动的贡献进行创新利润的分配。各创新主体间进行知识流动的动力在于对知识经济价值的逐利，充分发挥自身的创新职能，实现知识从生产到商业化应用的过程。

各创新主体由于在区域创新体系中的自身定位不同，因此，它们之间发生知识流动的内容也不相同。高校作为知识创新的策源地，企业作为实现知识商业价值的转化器，为了探明高校科研经费投入对经济增长影响的机理"黑箱"，本书分析的重点是高校与企业之间的知识流动。在区域地理范围中，高校和企业分别承担的是知识供给方和知识需求方的角色。这是因为企业在区域创新体系中主要承担实现知识商业化价值的功能，是实现知识经济价值的直接受益者。

高校和企业之间的知识流动是一种生产性的知识流动。高校通过专利转让和技术转移的形式为企业提供具有商业化应用的科研产出成果。另外，为了提高自身的核心竞争力和满足自身的技术需求，企业会向高校提供科研经费或毕业生的实习机会。在企业对商业价值的驱动下，两者实现高校生产知识和企业提供研发经费支持的良好互动。高校和企业之间的这种互动是不受地理范围限制的，知识流动会带来知识的外溢效应，但是这种溢出效应会随着空间地理位置的扩大而逐渐减弱。

6.1.2　创新产出成果在影响过程中的中介作用

在区域创新体系中，高校是重要的主导者，肩负着培养创新人才、生产创新知识以及科技成果转化的重任。高校的科研活动作为科技活动的核心，对创新活动很重要。高校科研产出成果包括新技术、新专利等的出售转让、论文及专著的发表和出版以及拥有优秀管理经验和专业技巧的优秀毕业生等。高校向企业输出创新型人才，创新型人才提高企业生产效率；高校的重大科学发现促成新兴产业的形成、高校创新成果支撑企业创新、高校技术转移助推高技术产业发展。高校科研的创新产出成果以知识溢出的形式对一个地区的经济增长和技术创新产生影响。

6.1.2.1　创新产出成果提高企业生产效率

当代高校处于将科学研究和人才培养的职能相融合的趋势。高校作为开展科研活动的重要基地，科研经费投入为开展科研活动提供资金支持。越来越多的硕士生和博士生加入研发活动中来，在一些高水平的研究型大学中，一些高年级的本科生也加入高校老师的科研项目中去。科学研究创造的知识和技术以人才为载体实现其价值。创新型人才是实现高校研发活动促进企业发展的桥梁和重要媒介，这些高素质的科研人才不仅能为高校科技创新提供源源不断的动力，也能为企业开展生产运营活动提供人力资源，高校培养的不仅是技术性人才，在开展科研活动的基础上也能够培养出更多的创新型人才。高校培养的人才为企业的高层管理岗位、高级研发或技术岗位等提供了人才的来源，他们为企业制定发展战略规划、解决技术难题，是企业生存和发展的重要力量。

（1）高校向企业输出创新型人才。高校每年都会向本地人才市场输送大量服务于区域经济社会发展的毕业生，一直以来，高校都是人才培养和知识传承的基地，为企业提供生产经营活动所需的人才。如今，随着经济的转型升级，科学技术正成为驱动经济可持续发展的第一要素，在这种社会大背景下，高素质的人力资源越来越重要，企业要在竞争激烈的市场环境下生存和发展，就要招纳更多的高素质人才，为企业的蓬勃发展增添新生力量。高校的学科和专业设置是高校服务区域经济社会发展的重要基础。因此，高校应适时进行学科和专业调整，匹配地区经济发展的需求，服务国家战略性新兴产业的发展，顺应科技发展趋势的内在需求。另外，高校应积极主动地开展与企业之间的合作，通过校企合作有针对性地培养满足企业需求的人才，与市场接轨，形成理论和实践相结合的人才培养模式。同时，高校与企业之间也通过采用联合办学和课程进修等方式，提高企业员工的能力，优化调整企业的人力资源结构，推动和促进企业的快速发展。高校通过人才培养的方式推动经济社会的发展，使高校人才转化为现实生产力。参与到高校科学研究活动中的博士生和硕士生，是具有丰富的知识储备和良好的科学素养的高层次人才，在高校这个远离商业气息的学术环境中，这些年轻的科研人员能够在进行科研活动的过程中形成创新精神和创新能力，成为具有较高综合素质的创新型人才。在当今这个科学技术突飞猛进的时代，高层次人才已成为一个地区乃至一个国家经济可持续发展的关键要素。

（2）创新型人才提高企业生产效率。现代人力资本理论认为，人力资本的质量是决定人力资本对企业价值贡献大小的关键因素，投入生产中的劳动力质量越高，劳动的生产效率就越高，作为生产要素的高质量人力资本不仅会直接促进经济增长，还会间接通过促进科学和技术进步来带动经济增长。随着新经济时代的到来，企业对人力资本的要求越来越高，不仅要求人力资本的技能更加丰富化，更加看重人力资本的特殊能力，尤其是创新能力，创新型人才成为企业青睐的对象。随着我国经济结构的转型升级，建设一个创新型国家已成为全民共识，创新型人才成为决定一个企业、地区以及国家核心竞争力的关键因素，尤其是对于高新技术产业而言，创新型的科技人才成为高新技术企业的重要战略资源。

空间经济学认为经济活动的空间分布是非均衡的，人才流动的方向和速度受到各个地区自身资源禀赋、产业发展水平和经济发展阶段等因素的影响。高校毕业生进入就业市场，通过劳动力供求双方合约的签订完成劳动力资源的重新配置，同类或相关企业的集聚带来了人才的集聚效应。对一个产业而言，人才的集聚能够为企业降低人力交易成本、稳定员工队伍。在健康的企业环境中，人才能够发挥1+1>2的作用，极大地提高企业的生产效率。校办企业或其他与高校空间地理位置邻近的企业由于"近水楼台"，能够从人才集聚效应中得到更大的收益。例如，美国的硅谷已成为全球高素质顶尖人才的栖息地、中国的中关村也聚集了全国的科技人才，人才的聚集推动了这些区域的企业更好地发展，使其领先于其他区域的同行业企业。企业的发展带动了区域发展水平的提高，人才的集聚和地区发展水平的提高能够吸引大量来自其他地区和高校的人才加入，由此使人才集聚和企业发展形成良好的互动。

6.1.2.2 创新产出成果优化产业结构

（1）重大科学发现催生新兴产业形成。高校在开展科学研究的过程中，尤其是在开展基础研究活动中，往往能取得基础科学或技术科学知识的重大突破，高校是重要的知识创新平台。知识创新作为技术创新重要的前提条件，是新技术和新发明的源泉，基础科学知识的重大突破能够促成新兴产业的形成。高校与企业通过产学研合作的方式实现知识溢出，高校科研成果的知识溢出和技术转让支撑了企业的技术创新，提高了企业的核心竞争力，也推动了高科技产业的快速发展。

高校在重大前沿科学技术方面的突破是催生新兴产业的前提条件。从近现代工农业发展的历程中可以看出，每一项科学技术的重大发明都离不开基础研究领域的重大知识突破，高校开展的基础研究领域的知识创新，虽然研发的初衷并不是为了某种商业目的，但是科学技术的重大发明能带来全新的市场前景和产业发展空间。重大科学理论的突破引起生产力的巨大发展，为生产和产业的发展开辟了全新的前进道路，极大地促进了新兴产业的形成和发展，优化了产业结构，成为经济增长的强劲动力。重大科学知识的突破离不开知识的创造者，只有具有扎实的知识积累和较高的科学素养的人才能实现知识创新。科学研究活动能否带来知识创新在很大程度上和参与研发活动的科研人员的知识水平以及创新能力有关，参与科学研究的综合素质决定了知识创新对经济社会发展贡献程度的大小。高校作为承担基础科学研究的主体，集聚着大量具备创新精神和创新能力的学者和教授，在高校这个远离商业气息的自由、宽松的研发环境中，高校科研人员比其他研发主体中的科研人员对探求科学新知有更高的兴趣和使命感，因此，高校研发更有可能取得重大突破。

高校研发活动不仅能够带来基础研究和应用研究成果的突破，还能够推动高科技产业的发展。从新材料、新能源汽车、无线通信和互联网等新兴产业的发展历程来看，任何一个产业的诞生都是建立在相关重大科学理论突破基础之上的，借助庞大的技术群发展壮大。比如电磁学理论的突破为发电机和电动机的发明创造提供了科学理论支撑，也带动了后续电话、家用电器等产品的发明创造；太阳能发电技术的突破催生了光伏产业；移动通信技术的突破催生了无线通信产业；锂电池技术的突破催生了新能源汽车产业等。

我国高校的科技创新能力建设不断实现新的突破，科技创新综合实力快速提高。从《中国普通高校创新能力监测报告2016》可以看到，截至2015年，我国以高校为依托建设的国家重点实验室达到 131 个，占全国的比例达到 60% 以上。高校作为开展基础研究的主要基地，在源头创新方面取得了巨大突破，由高校牵头承担的国家自然科学项目以及国家重大科技项目的比例达 80% 以上。尤其是量子通信领域、干细胞领域以及暗物质领域等取得了令人瞩目的成果。2008~2016 年，国家自然科学奖二等奖及以上的获奖总数为 352 项，其中主要完成人所在的第一完成单位是高校的为 225 项，所占比重为 64%。如表 6-1 所示。

表 6-1 2008~2016 年高校获得国家自然科学奖二等奖以上情况

年份	获奖总数（项）	第一完成单位为高校（项）	高校比重（%）
2008	34	16	47
2009	27	16	59
2010	30	20	67
2011	36	22	61
2012	41	24	59
2013	54	35	65
2014	46	26	57
2015	42	34	81
2016	42	32	76
合计	352	225	64

资料来源：根据科技部 2008~2016 年国家自然科学奖项目名单整理所得。

（2）高校创新支撑企业创新。企业技术创新对优化产业结构具有积极的促进作用，当前，我国面临着部分行业产能过剩、产业结构不合理等问题，只有引导企业进行技术创新，提高微观主体的效率，才能使资源从低效率的产业流向高效率的产业。虽然强化企业的技术创新主体地位对于优化产业结构具有重要的促进作用，但是企业研发成本较高且自身研发能力有限，使得企业的研发积极性不高，阻碍了企业的自主研发。当前，高校和企业作为区域创新体系的重要主体，高校与企业间的研发创新已逐渐形成良好的互动状态。高校创新支撑企业创新已成为大势所趋。高校学科和设备齐全、人才丰富，具有开展科研活动的绝对优势，创造出大量的科研产出成果，为企业创新提供有力补充。高校进行科研活动的最终目的是为了实现科研成果的经济社会效益，高校科研活动产出的创新成果会通过多种途径支撑企业的创新能力，从而间接起到优化产业结构转型升级的作用。

第一，校企联合开发。高校与企业作为两大研发主体，高校有人才、学科以及设备优势，而企业有对市场方向的敏感把握以及庞大的资金资源。高校与企业联合研发进行前沿技术攻关，能够实现高校与企业的优势互补，使研发活动取得最大效益，或者由企业提供研发活动经费、全权委托高校进行特定方向的课题研究，解决企业在生产过程中遇到的技术难题，提高企业的生产效率和核心竞争力。高校与企业间的联合开发模式实现了研发与市场对接，不仅使研发能针对性地满足企业需求，也促进了高校的学科进步，更准确地把握住未来的创新方向。

第二，技术成果转让。高校通过研发活动能创造出大量的标志性科研产出成果，然而高校并不能直接实现所有的科研产出成果的经济价值，不能直接将其全部转化为现实生产力。因此，高校会通过科技中介机构或者技术市场这些渠道将部分技术成果转让，实现高校科研产出成果与企业需求的对接，提高企业的技术水平，让高校科研成果为企业带来经济价值，也成为高新技术的生长点，培育新的经济增长点。2016年，全国高校的技术市场成交额达到54.02亿元，签订的技术转让合同总数为8617项，其中，与国有企业签订的合同数为2575项，与外资企业签订的合同数为226项，与民营企业签订的合同数为5092项。

第三，知识溢出。虽然基础研究的研究周期长、研究风险大，但是知识是具有外部溢出性的。高校科研产出成果会以知识溢出的形式对企业的运营生产和地区的经济发展产生影响。如高校论文专著的发表出版、新技术和新专利的出售转让以及培养的具备丰富管理经验和专业技能的优秀毕业生输送到企业等，这些都是现实中高校实现知识溢出的路径。高校知识溢出能够增加企业的知识存量，在提高企业核心竞争力和发展潜力的同时，也带动了科学不断发展。

（3）高校衍生企业助推高技术产业发展。高校作为产学研合作网络的重要组成部分，能够快速地将新知识和科技信息转变为具有商业价值的产品，并且利用高新技术改造提升传统产业，引导传统产业的资源整合和结构调整，提高传统产业的科技含量和经济效益。高校通过向高科技产业出售转让技术成果以及提供技术咨询的服务，间接地带动高科技产业的发展；除了上述通过技术转让的方式间接促进高科技产业发展，高校衍生企业也是一种实现科研产出成果技术转移的有效方式，高校衍生企业能够有效地促进研发活动中产生的知识、技术等科研产出成果的商业化开发，从而实现科研成果服务区域经济发展的目的。高校衍生企业对高科技产业有积极的促进作用，能够提高产业的技术水平、促进高校技术成果向产业转移，从而不断壮大高科技产业。高校在高科技园区内发挥着重要的作用，大学科技园区的建设不仅带动了高科技开发园区的建设与发展，也极大地促进了区域高技术产业的发展。如北京大学创办的北大青鸟、方正科技、方正数码等不仅在行业中有着不可忽视的影响力，也带动了相关行业的技术进步。如表 6-2 所示，是目前已经上市的具有一定影响力的高校企业。从高校衍生企业的行业分布可以看出，高校企业分布在具有技术优势的高科技行业，其中信息技术产业以及生物医药技术产业是重要的代表性行业。

表 6-2 高校上市公司一览表

序号	公司名称	上市年份	行业	背景高校
1	方正科技	1990	计算机应用	北京大学
2	北大高科	1991	软件、通信	
3	西南合成	1997	医药	
4	青鸟环宇	2000	计算机应用	
5	明天科技	1997	化学	
6	方正数码	2000	计算机应用	
7	力合股份	1994	综合	清华大学
8	紫光古汉	1996	医药制造	
9	同方股份	1997	计算机应用	
10	紫光股份	1993	计算机应用	
11	诚志股份	2000	生物工程、医药	
12	同方软件	1997	计算机应用	
13	交大昂立	2001	生物工程	上海交通大学
14	交大南洋	1993	高技术开发	
15	浙大网新	1997	计算机应用	浙江大学
16	浙大海纳	1999	软件开发	
17	工大首创	1994	软件开发	哈尔滨工业大学
18	工大高新	1996	综合	

序号	公司名称	上市年份	行业	背景高校
19	复旦复华	1993	综合	复旦大学
20	交大科技	1994	电器机械	西安交通大学
21	*ST戈德	1993	计算机、电子制品	南开大学
22	天大天才	1997	软件开发	天津大学
23	同济科技	1994	综合	同济大学
24	东软股份	1996	软件、通信	东北大学
25	科大创新	2002	医疗器械	中国科学技术大学
26	华工科技	2000	电子设备制造	华中科技大学
27	太工天成	2003	计算机应用	太原理工大学
28	山大华特	1999	软件、通信	山东大学
29	江中药业	1998	医药	江西医学院
30	华神集团	1998	医药	成都中医药大学

资料来源：东方财富 Choice 数据。

信息技术产业是高校衍生企业分布较多的行业之一，在高科技产业中占据着举足轻重的地位。信息技术产业是一个以信息和技术为主的产业体系，是国际上各个国家高度重视的产业之一。在信息化时代，信息技术运用到生物、材料、军事以及环境等各个科技领域，给人类活动的各个领域带来了翻天覆地的变化，信息技术产业已逐渐成为各个国家竞相追逐的战略制高点。信息技术产业的发展对实现产业结构的调整升级具有巨大的推动作用。一方面，信息技术产业是一个知识密集、技术密集的产业，虽然信息技术产业在前期研发的时候要投入大量的资金以及人力资源，但是一旦投入研发的企业获得了重大技术突破，就能够为企业带来技术垄断的机会，让企业独占市场而获得高额利润。对于企业而言，虽然信息技术产业是一个高投入、高风险的行业，然而一旦取得关键技术突破，在投入生产运营过程中，较低的边际成本和边际收益递增的特点能为企业带来远远超过投入成本的收益，因此，信息技术产业的高回报性吸引着越来越多的企业加入，推动着信息技术产业的蓬勃发展。另一方面，信息技术产业具有高渗透性的特征，由于信息技术不仅是针对某种特定流程的专业技术，同时它也是满足适用于各个行业的技术，它融合于各个产业部门，具有极强的渗透性和广泛的适用性。信息产业的发展带动了相关"边沿产业"的发展，如新能源产业、医疗电子器械产业和通信产业的发展。信息产业及其"边沿产业"的发展使得产业结构更加合理化，大大提高了社会劳动生产率，推动社会生产力达到新的高度。经过多年的发展，我国的信息通信产业取得了很大的成就，中国普天、深圳华为、熊猫电子、中兴通信等一大批通信设备制造企业产生，重庆邮电大学与多个机构研发的 D-SCDMA 技术标准，解决了我国通信设备制造业存在的缺乏自主知识产权通信行业标准的困境，促进了我国通信行业的整体发展水平。

生物技术产业作为高科技的新兴产业，是一个高关联性的行业，生物技术产业的发展直接影响着医药、农业、能源、环保、食品等领域的发展。生物技术的突破不仅能促进生物技术产业的发展，也会带动相关产业的技术革新，对于整个产业的结构调整具有重要的作用。生物技术孕育新的产业革命，生物技术的通用性必将带来巨大的产业变革，推动一个国家乃至整个世界经济的大跨越。近年来，基因技术的突破获得了多次诺贝尔奖，创造了亿万美元的商业价值。比尔·盖茨曾预言，生物技术领域必将出现下一个超过他的世界首富。生物科技行业的巨大商业前景吸引着私人资本和风险资本投入其中。生物技术产业的技术依赖性强、对不可再生资源的消耗低，是一个可持续发展的新兴产业，生物技术的发展带动了生物医药、生物能源、生物食品等产业的蓬勃发展，生物技术产业已逐渐成为继信息技术产业之后的又一国民主导产业。高校，尤其是研究型高校的知识和人力资本优势明显，是生物科学和生物技术创新的策源地。

6.1.3　理论模型及研究假设

随着创新驱动发展战略上升到国家层面，科研经费投入的规模不断扩大，大多数学者的研究结果表明，科研经费投入能够带来经济社会效益，为区域创新体系开展科研活动提供资金保障。高校作为区域创新体系的重要组成部分，是开展科研活动的重要载体，高校科研经费投入对技术创新和区域经济增长具有积极的促进作用。通过文献梳理，在前人研究成果的基础上，首先探明高校科研经费投入对经济增长产生影响的微观基础，即经费投入为高校开展科研活动提供资金保障，高校研发活动和企业分别是影响过程的发起端和接收端，高校与企业之间存在着知识流动。其次以高校科研经费投入为前因变量，以区域经济增长为后因变量，中间变量为高校科研产出成果，分析高校科研产出成果在高校科研经费投入对经济增长产生影响过程中发挥的中介作用，创新型人才培养、论文专著、发明专利以及技术转移等创新产出成果提高企业生产效率，优化产业结构，从而促进经济增长。最后，综合理论分析，本书构建出高校科研经费投入对经济增长的影响机理模型，如图6-1所示。

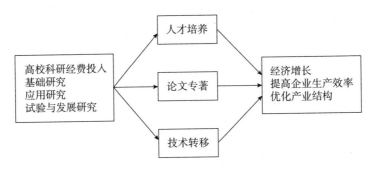

图6-1 高校经费投入对经济增长的影响机理理论模型

高校科研经费投入为高校研发活动提供资金保障。从科研经费投入来源看，高校科研经费主要来源于政府和企业。政府的科技投入能够有效地消除创新主体在科研过程中的风险顾虑，科学知识的公共物品性质决定了这种生产成本高而传播成本低的活动要由政府牵头主导创造；企业为了提高自身核心竞争力，选择和高校合作成为一宗明智之举，对企业而言，既能够节省成本又能够吸收最新的知识和技术，实现技术的升级与创新。由此，从高校科研投入来源渠道视角，提出第一个研究假设：

H1：政府和企业对陕西省高校的科研经费投入对其经济增长有积极的促进作用。

高校研发活动是高校科研经费投入对经济增长产生影响的发起端。高校研发活动按研究类型的不同可分为基础研究、应用研究和试验发展研究三种不同的研究类型。基础研究是创新的源泉，能带来颠覆性的技术突破；应用研究是探索基础研究成果的可能用途，试验发展研究是将基础研究和应用研究的成果转化为现实生产力。由此，从高校科研经费支出结构视角，提出第二个研究假设：

H2：陕西省高校对基础研究、应用研究和试验发展研究三个不同类型的科研经费支出对其经济增长有积极的促进作用。

高校科研产出成果在高校科研经费投入影响经济增长的过程中发挥着中介作用。高校科研经费对经济增长是一个间接的过程，科研经费的投入能带来科研成果的产出，创新产出成果以知识溢出的形式提高企业的生产效率，优化区域的产业结构，从而促进区域经济的增长。由此，提出第三个研究假设：

H3：陕西省高校科研经费投入是以科研产出成果为中介，从而对经济增长产生积极的促进作用。

6.2 陕西省高校科研经费投入与经济增长的协整检验

6.2.1 研究方法

6.2.1.1 单位根检验（Unit Root Test）

高校科研经费投入对陕西省经济增长的影响研究中涉及的都是时间序列数据，时间序列会存在非平稳的可能性，如果用非平稳的时间序列建立计量数学模型，那么进行的 t、F、χ^2 等检验是没有实际意义的，会产生"伪回归"现象，即回归分析的结果能得到一个比较高的 R^2，但是实际上时间序列的各个变量之间并没有实际关系。越来越多的经验表明，经济学中大多数时间序列都是非平稳的，因此，在利用回归分析方法研究经济变量之间的经济关系时，需要先判断时间序列的平稳性。当前，学术研究上常采用单位根检验法来进行平稳性检验。本书采用的是单位根检验中的左侧检验法，即 ADF 检验，根据检验模型中是否带截距项或趋势项，可以将 ADF 检验模型分为三种，如表6-3所示。

表6-3 ADF 检验的三个模型

序号	检验方程式	特点
1	$\Delta X_t = \gamma \Delta X_{t-1} + \sum_{i=1}^{P} \alpha_i \Delta X_{t-i} + \mu_t$	不含截距项和趋势项
2	$\Delta X_t = \alpha + \gamma X_{t-1} + \sum_{i=1}^{P} \alpha_i \Delta X_{t-i} + \mu_t$	包含截距项
3	$\Delta X_t = \alpha + \beta t + \gamma X_{t-1} + \sum_{i=1}^{P} \alpha_i \Delta X_{t-i} + \mu_t$	包含截距项和趋势项

6.2.1.2 协整理论

协整理论由 Engle 和 Granger 于1987年首次提出，在协整理论提出之前，人们为避免"伪回归"问题的出现，要么是只采用平稳时间序列数据建立回归模型；要么是通过处理，把非平稳时间变为平稳时间序列，之后再做回归。在协整理论提出之后，如果几个时间序列是同阶单整的，则它们之间也可能呈现一种长期的稳定关系。所谓的协整，是指多个非平稳的时间序列经过线性组合后变为平稳序列。为更精确地描述协整关系，需要先明确单整的概念，如果一个时间序列$\{y_t\}$的 d 次差分序列是平稳序列，那么称这个序列是 d 阶单整序列，用$\{y_t\} \sim I$（d）表示，从向量角度理解协整关系，即使两个向量各自具有不同的变化趋势，但是如果满足（d，d）阶协整，它们之间也有可能存在长期稳定关系。协整理论有两个重要的组成部分：一个是协整检验，另一个是估计协整线性系统参数，这两个重要的统计理论使得协整在实践中发挥着重要的作用。研究变量间的协整关系，能够定量描述经济规律、避免伪回归、区分变量之间的长期均衡关系和短期动态调整关系。常用的协整检验方法有两种：一种是 EG 两步检验法，另一种是 Johansen 协整检验法。

单位根检验是进行协整检验的前提，如果单位根检验通过，则可以按照以下步骤进行 Engle-Granger 两步检验。

第一，估计协整回归方程。采用最小二乘法（OLS）进行估计：

$$Y_t = \alpha_0 + \alpha_1 X_t + \cdots + \alpha_k X_{kt} + \mu_t \tag{6-1}$$

协整回归后会得到如下误差估计序列：

$$\hat{\mu} = Y_t - \hat{\alpha}_0 - \hat{\alpha}_1 X_t - \cdots - \hat{\alpha}_k X_{kt} \tag{6-2}$$

第二，检验非均衡误差序列$\hat{\mu}_t$的单整性。本书采用 ADF 检验法对$\hat{\mu}_t$进行检验，在进行 ADF 检验模型选择时，选择的是无截距项，这是因为在进行协整回归时已经包含了截距项。如果 ADF 检验结果表明误差序列$\hat{\mu}_t$是平稳的，那么就能够判断出时间序列 Y 和 X_1、$\cdots$、X_k 之间是存在协整关系的。

6.2.1.3 误差修正模型

误差修正模型（Error Correction Model，ECM）又称 DHSY 模型，1964 年由 Sargan 最早提出这种思想，后来学者对其进行不断完善成形，它常常作为协整回归模型的补充模型，ECM 模型的优点在于能够将水平变量和差分变量有机结合，充分包含两者提供的信息。误差修正模型不仅能够反映出长期均衡关系，还能够在微观上反映出短期动态调整关系。

假设存在长期均衡稳定关系的两个时间序列 X 和 Y 模型为：

$$Y_t = \alpha_0 + \alpha_1 X_t + \mu_t \tag{6-3}$$

假设两个具有短期关系的序列 X 和 Y 的一阶自回归分布滞后形式为：

$$Y_t = \beta_0 + \beta_1 X_t + \beta_2 X_{t-1} + \beta Y_{t-1} + \mu_t \tag{6-4}$$

变换式（6-4）的自回归分布滞后模型可得：

$$\Delta Y_t = \beta_1 \Delta X_t - \lambda (Y_{t-1} - \alpha_0 - \alpha_1 X_{t-1}) + \mu_t \qquad (6-5)$$

其中，$\lambda = 1 - \beta$，$\alpha_0 = \beta_0 / (1-\beta)$，$\alpha_1 = (\beta_1 + \beta_2) / (1-\beta)$。

式（6-5）是一阶误差修正模型的形式，也能够用式（6-6）表达：

$$\Delta Y_t = \beta_1 \Delta X_t - \lambda ecm_{t-1} + \mu_t \qquad (6-6)$$

其中，ecm 表示误差修正项。

6.2.2　变量选取

从理论上分析可知，科研经费投入对经济增长具有巨大的推动作用。为了对陕西省高校科研经费与经济增长的关系进行更深入的研究，本书将高校科研经费按照不同来源渠道和不同支出结构两个角度分别细化，按不同来源渠道的标准，可以将高校科研经费分为政府拨入资金（含科研事业费、主管部门专项费、其他政府部门专项费）、企事业拨入资金（企事业单位委托经费）以及高校自筹资金（各种收入中转为科技经费和其他经费）；按照不同研究活动类型的标准，可以分为基础研究经费支出、应用研究经费支出和试验发展经费支出。

经济增长可分为质量型增长和数量型增长，由于质量型经济增长很难量化，因此，本书在选取经济增长这一被解释变量的衡量指标时只考虑经济数量增长，即陕西省历年国内生产总值（GDP）这一经济指标。

6.2.3　模型建立及数据来源

6.2.3.1　模型建立

本书从不同来源渠道的科研经费和不同支出结构的科研经费两个角度来研究陕西省高校科研经费投入与经济增长的关系。

在我国，政府、企业和高校自筹是高校科研经费的主要来源渠道。对按不同来源渠道的科研经费与经济增长关系进行研究，GDP 为因变量，用 GDP 表示，高校科研经费中政府资金和企事业单位资金为自变量，分别用 GOV 和 FIRM 表示。

模型 1　　　　$\ln GDP_t = \alpha_1 + \alpha_2 \ln GOV_t + \alpha_3 \ln FIRM_t + \varepsilon_t$　　　　(6-7)

其中，lnGDP 表示对陕西省国内生产总值指标取对数，lnGOV 表示对陕西省高校政府科研经费投入指标取对数，lnFIRM 表示对陕西省高校企业科研经费投入指标取对数。

高校科研经费按研究活动类型的不同可以分为基础研究经费支出、应用研究经费支出和试验发展研究经费支出。科学研究是一个从基础研究到应用研究再到试验发展研究的创新链条，只有经过这三个环节，才能实现高校科学研究服务于经济发展的目的。因此，本书按高校科研经费支出结构的不同，以基础研究、应用研究和试验发展的经费支出为自变量，分别用 JICHU、YYONG、SHIYAN 表示，以 GDP 为因变量，仍用 GDP 表示，探究高校科研经费与经济增长的关系。

模型2　$\ln GDP_t = \alpha_1 + \alpha_2 \ln JICHU_t + \alpha_3 \ln YYONG_t + \alpha_4 \ln SHIYAN_t + \varepsilon_t$　　（6-8）

其中，lnJICHU 表示对陕西省高校的基础研究科研经费指标取对数，lnYYONG 表示对陕西省高校的应用研究科研经费指标取对数，lnSHIYAN 表示对陕西省高校的应用研究科研经费指标取对数。

6.2.3.2　数据来源

本书根据 2008~2016 年《高等学校科技统计资料汇编》和《陕西省统计年鉴》（2017），选取陕西省 2008~2016 年高校投入与经济增长的相关数据整理汇总。为防止时间序列数据可能出现的异方差现象，对各数据进行取对数化处理，取自然对数的地区生产总值（lnGDP）、取自然对数的政府经费投入（lnGOV）、取自然对数的企业经费投入（lnFIRM）；取自然对数的基础研究支出（lnJICHU）、取自然对数的应用研究支出（lnYYONG）和取自然对数的试验发展的经费支出（lnSHIYAN），整理结果如表6-4所示。

表6-4　2008~2016 年陕西 GDP 及高校科研经费投入数据

年份	lnGDP	模型一		模型二		
		lnGOV	lnFIRM	lnJICHU	lnYYONG	lnSHIYAN
2008	20.411	14.588	14.169	12.646	13.687	13.692
2009	20.521	14.761	14.268	12.891	13.768	13.603
2010	20.736	14.701	14.543	13.312	14.011	13.494
2011	20.947	15.145	14.574	13.741	14.285	13.695
2012	21.092	15.199	14.737	13.703	14.296	14.058
2013	21.206	15.307	14.770	13.893	14.269	14.130
2014	21.294	15.248	14.764	13.835	14.463	14.066
2015	21.312	15.117	14.990	13.901	14.701	13.488
2016	21.386	15.260	14.905	14.080	14.586	13.615

资料来源：根据《高等学校科技统计资料汇编》和《陕西省统计年鉴》整理所得。

为了对变量之间的关系有更直接的了解，在进行协整关系检验前，先绘制自变量与因变量间的散点图，从而得到图6-2和图6-3两个时间序列散点图。

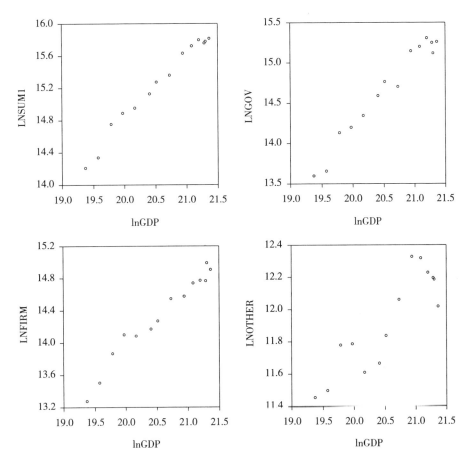

图6-2 陕西省地区生产总值和高校科研经费投入的散点图

从高校科研经费的来源渠道看，散点图表明了陕西省高校科研经费投入中的政府科研经费投入、企业科研经费投入与陕西省地区生产总值之间存在较强的依存关系，其他科研经费投入与陕西省地区生产总值之间则不存在较强的依存关系。从高校科研经费使用类别看，陕西省高校科研经费支出中的基础研究支出、应用研究支出与陕西省地区生产总值之间存在着较强的依存关系，而试验发展研究与陕西省地区生产总值之间则不存在较强的依存关系。

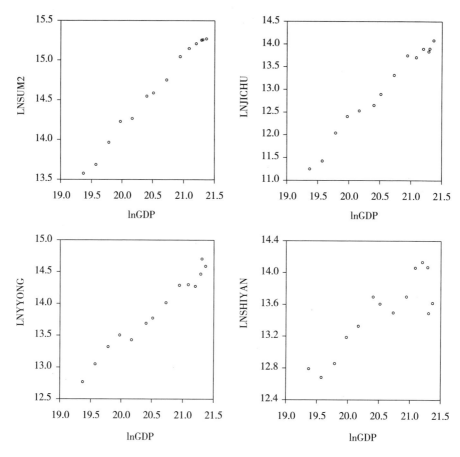

图6-3　陕西省地区生产总值与高校科研经费支出的散点图

6.2.4　实证检验及结果讨论

6.2.4.1　单位根检验

在对经济变量进行定量分析时，常常会存在"伪回归"的可能性。因此，在进行协整检验前，必须先进行单位根检验。本书采用 Eviews6.0 软件，对陕西省国内生产总值变量 lnGDP、政府科研经费投入变量 lnGOV 和企业科研经费投入变量 lnFIRM、基础研究科研经费支出变量 lnJICHU、应用研究科研经费支出变量 lnYYONG、试验发展科研经费支出变量 lnSHIYAN 的单位根进行 ADF 检验，各变量差分后的单位根检验结果如表6-5所示。

表 6-5　各变量单位根的 ADF 检验表

变量	检验形式 （C，T，K）	ADF 值	10% 临界值	检验结果
lnGDP	（C 0 0）	-3.7753	-2.7011	平稳
lnGOV	（C 0 0）	-1.8048	-2.7011	不平稳
D（lnGOV）	（C 0 0）	-3.9223	-2.7137	平稳
lnFIRM	（C0 0）	-2.6690	-2.7011	不平稳
D（lnFIRM）	（C 0 0）	-2.9733	-2.7137	平稳
lnJICHU	（C 0 0）	-2.1230	-2.7011	不平稳
D（lnJICHU）	（C T 0）	-3.5948	-3.3883	平稳
lnYYONG	（C 0 0）	-1.8675	-2.7011	不平稳
D（lnYYONG）	（C 00）	-3.4083	-2.7289	平稳
lnSHIYAN	（C 00）	-1.5753	-2.7011	不平稳
D（lnSHIYAN）	（C 0 0）	-2.8520	-2.7137	平稳

注：检验形式（C，T，K）中的 C 表示单位根检验方程的常数项，T 表示单位根检验方程的时间趋势项，K 表示单位根检验方程的滞后阶数，其中 0 是指检验方程不包括常数项或时间趋势项。

6.2.4.2　协整检验

为进一步分析经济增长分别与不同来源渠道的科研经费、不同支出结构的科研经费之间是否存在长期的均衡关系，需要对经济增长与不同来源渠道的科研经费、不同支出结构的科研经费分别进行协整分析。在单位根检验中得知：变量序列 lnGOV、lnFIRM、lnJICHU、lnYYONG、lnSHIYAN 均是非平稳的，只有 lnGDP 通过了单位根检验，是平稳序列，一阶差分序列 D（lnGOV）、D（lnFIRM）、D（lnYYONG）、D（lnJICHU）、D（lnSHIYAN）通过了单位根检验，即它们为一阶单整，满足协整检验的前提条件，因此考虑 lnGDP 于 lnGOV、lnFIRM；lnGDP 于 lnJICHU、lnYYONG、lnSHIYAN 之间是否存在协整关系。本书分别采用 E-G 两步法对模型 1 进行协整检验，判断陕西省高校不同来源渠道的科研经费（政府资金、企业资金）与经济增长之间是否存在协整关系，采用 E-G 两步法对模型 2 进行协整检验，判断陕西省高校不同经费支出类别与经济增长之间是否存在协整关系。

第一步，对模型 1 和模型 2 分别进行协整回归，结果如下：

$$\ln GDP_t = 2.7727 + 0.5781\ln GOV_t + 0.6497\ln FIRM_t + \varepsilon_t \quad (6\text{-}9)$$
$$(3.3864) \quad (3.0646) \quad\quad (3.0299)$$

$R^2 = 0.9802$，调整后的 $R^2 = 0.9767$，$DW = 1.1404$，$F = 274.467$

通过式（6-9），计算 OLS 估计的残差序列：

$$ECM1_t = \ln GDP_t - 2.7727 - 0.5781\ln GOV_t - 0.6497\ln FIRM_t \quad (6\text{-}10)$$

$$\ln GDP_t = 6.6 + 0.212\ln JICHU_{t-3} + 0.576\ln YYONG_t + 0.249\ln SHIYAN_t + \varepsilon_t \quad (6\text{-}11)$$
$$(3.7745) \quad\quad (2.6272) \quad\quad\quad (3.6834) \quad\quad\quad (3.0398)$$

$R^2 = 0.9890$，调整后的 $R^2 = 0.9843$，$DW = 2.5400$，$F = 210.1097$

通过式（6-11），计算 OLS 估计的残差序列：

$$ECM2_t = \ln GDP_t - 6.6 - 0.212\ln JICHU_{t-3} - 0.576\ln YYONG_t - 0.249\ln SHIYAN_t$$
$$(6\text{-}12)$$

第二步，对模型 1 和模型 2 所得的残差序列 $ECM1_t$ 与 $ECM2_t$ 进行单整性检验。在对残差序列进行单位根检验时，由于协整回归模型中已经含有截距项，因此，对残差序列的单位根检验模型中不需要再包含截距项。具体两个残差序列的单位根检验结果如表 6-6 所示，由表可知，残差序列 $ECM1_t$ 与 $ECM2_t$ 的 ADF 值都小于 5% 显著性水平下的临界值。由此可知残差序列 $ECM1_t$ 与 $ECM2_t$ 不含单位根，即 $ECM1_t \sim I(0)$，$ECM2_t \sim I(0)$。

表 6-6　ECM 1_t、ECM 2_t 单位根的 ADF 检验表

变量	检验类型 (C, T, K)	ADF 值	DW 值	各显著性水平下的临界值		检验结果
				5%	10%	
$ECM1_t$	(0, 0, 1)	−2.4064	1.8108	−1.9709	−1.6036	平稳
$ECM2_t$	(0, 0, 1)	−3.8199	1.2761	−1.9881	−1.6001	平稳

注：检验形式（C，T，K）中的 C 表示单位根检验方程的常数项，T 表示单位根检验方程的时间趋势项，K 表示单位根检验方程的滞后阶数，其中 0 是指检验方程不包括常数项或时间趋势项。

因为残差序列 $ECM1_t$ 与 $ECM2_t$ 是平稳时间序列，所以式（6-10）表明陕西省高校的不同来源渠道的科研经费（政府资金、企业资金）与经济增长之间存在着长期均衡的稳定关系；式（6-12）表明陕西省高校的不同经费类别（基础研究、应用研究、试验发展研究）与经济增长之间也存在着长期均衡的稳定关系。

6.2.4.3　误差修正模型

根据残差序列表 6-6 建立误差修正模型如下：

将模型 1 的残差序列带入误差修正模型，得到误差修正模型 1 的结果如下：

$$\Delta lnGDP_t = 0.0912 + 0.2382\Delta lnGOV_t + 0.2408\Delta lnFIRM_t - 0.363ecm1_{t-1}$$

$$(6-13)$$

$$(3.8916)\quad(2.9726)\quad\quad(2.1633)\quad\quad(-2.2943)$$

其中，

$$ECM1_t = lnGDP_t - 2.7727 - 0.5781lnGOV_t - 0.6497lnFIRM_t$$

$R^2 = 0.612$，调整后的 $R^2 = 0.484$，DW $= 2.1411$，误差修正项系数为 -0.363，比零小，符合负反馈修正机制。

将模型 2 的残差序列带入误差修正模型，去掉回归系数不显著的滞后期，得到误差修正模型 2 的结果如下：

$$\Delta lnGDP_t = 0.0692 + 0.4699\Delta lnYYONG_t + 0.3716\Delta lnSHIYAN_t - 1.1461ecm2_{t-1}$$

$$(6-14)$$

$$(3.5528)\quad(4.0635)\quad\quad(5.1513)\quad\quad(-2.8755)$$

$R^2 = 0.8485$，调整后的 $R^2 = 0.7727$，DW $= 2.4023$，误差修正项系数为 -1.1461，比零小，符合负反馈修正机制。

其中，

$$ECM2_t = lnGDP_t - 6.6 - 0.212lnJICHU_{t-3} - 0.576lnYYONG_t - 0.249lnSHIYAN_t$$

模型 1 描述了政府和企业科研经费投入对陕西省经济增长的长期影响，模型 1 的实证结果表明，从长期来看，陕西省高校研发经费中政府投入对陕西省经济增长影响系数为 0.5781，企业科研经费投入对陕西省经济增长影响系数为 0.6497。误差修正模型 1 描述了政府和企业经费投入对陕西省经济增长的短期动态影响。误差修正模型 1 的实证结果表明，从短期来看，陕西省高校研发经费中政府投入对陕西省经济增长影响系数为 0.2382，企业科研经费投入对陕西省经济增长影响系数为 0.2408。

模型 1 以及误差修正模型 1 的实证结果表明，无论是从长期来看，还是从短期来看，高校研发经费中来源于政府和企业的经费投入对陕西省经济增长都有积极的促进作用，这在一定程度上证明了本章第 1 节基于定性分析提出的研究假设 1 是准确的。通过对比模型 1 和误差修正模型 1 中的影响系数可以发现，高校科研经费投入中的企业资金对经济增长的影响作用更显著，即企业科研经费更能直接带来商业利润，这种研究结果是符合现实情况的，因为政府对高校的科研经费投入更多的是一种基础研究以及战略性、公益性等研究领域，为政府进行社会管理提供决策咨询，带来的不仅有经济效益，还有社会效益和环境效益等；相比较来看，企业资金具有"周期短、见效快"的特点，企业基于自身发展规划，倾向于资助能直接产生回报、带来商业价值的应用研究和试验发展研究，采取的产学研转化机制也更加灵活，因此，企业资金能更直接、迅速和明显地带来经济效益。

模型2描述了基础研究、应用研究及试验发展研究三种不同研究类型的经费支出对经济增长的长期影响，模型2的实证结果表明，从长期来看，陕西省高校的基础研究科研经费支出对陕西省经济增长的影响系数为0.212，且这种影响作用具有滞后性；陕西省高校的应用研究科研经费支出对经济增长的影响系数为0.575，陕西省高校的试验发展科研经费支出对经济增长的影响系数为0.249。误差修正模型2描述了这三种不同研究类型的经费支出对陕西省经济增长的短期动态影响。误差修正模型2的实证结果表明，从短期来看，陕西省高校的应用研究科研经费支出对经济增长的影响系数为0.5756，陕西省高校的试验发展科研经费支出对经济增长的影响系数为0.2492。

模型2以及误差修正模型2的实证结果表明，基础研究对经济增长的影响具有滞后性，长期效应更显著；应用研究和试验发展研究这三种不同研究类型的科研经费支出对陕西省经济增长在长期和短期内都有积极的促进作用，这在一定程度上证明了本书提出的研究假设2是准确的，也证明了高校的基础研究、应用研究和试验发展研究确实是经济增长的内生变量。对比说明陕西省高校科研经费中基础研究的科研经费支出对陕西省经济增长的长期影响更为显著，应用研究的科研经费支出对陕西省经济增长的短期和长期影响程度几乎一致，试验发展研究的科研经费对陕西省经济增长的短期影响更为显著。但是，从模型的影响系数大小来看，高校这三种研究类型的经费支出对经济增长的贡献作用还有很大的提升空间，其中对于基础研究而言，短期的影响作用非常微弱，长期影响作用更显著，对经济增长的影响具有滞后性。基础研究虽然不能直接、迅速地带来经济效益和商业利润，但它是创新的源泉，是开展应用研究和试验发展研究的前提条件，在发达国家，高校研发经费中基础研究的支出比例始终保持在2/3以上。

6.3 陕西省高校科研经费投入对经济增长的中介效应分析

本章第2节的实证研究结果表明高校科研经费对经济增长具有积极的影响，那么陕西省高校科研经费投入是否如第1节理论分析的那样，是通过科研产出成果对经济增长产生作用的呢？因此，本节的目的就是用收集到的数据对陕西省高校科研经费对经济增长的中介效应检验进行实证研究。首先是通过因子分析法对科研产出成果的测量；其次以科研经费产出为中间变量，对陕西省高校科研经费对经济增长的中介效应检验进行实证研究。最后对研究结果进行总结。

6.3.1 研究方法

中介变量的定义：在研究解释变量 X 对被解释变量 Y 的影响时，若 X 与 Y 之间不是直接的因果链关系，而是通过变量 M 产生影响，那么就称变量 M 为中介变量。将解释变量、中介变量和被解释变量这三个变量进行去中心化处理后，可以用如下三个方程描述它们之间的关系，相应的路径图如图 6-4 所示。

$$Y = cX + e_1 \tag{6-15}$$
$$M = aX + e_2 \tag{6-16}$$
$$Y = c'X + bM + e_3 \tag{6-17}$$

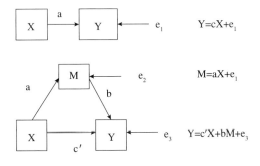

图 6-4 中介变量示意图

中介变量是解释变量对被解释变量产生影响的中介，是解释变量影响被解释变量的内在原因。如果解释变量和被解释变量的相关显著，那么式（6-15）中的回归系数 c 是显著的，在这种情况下考虑中介变量 M，如何判断中介变量 M 是否发挥了中介作用。通过结构方程模型理论我们知道，中介效应作为一种间接效应，无论研究中的变量是否有潜变量，都可以采用结构方程模型来检验中介效应。从图 6-4 可以看出，这些模型之间是递归的，路径图中都是单向的直线箭头，不存在反向或循环的直线箭头。因此，当所有的变量都是显变量的时候，就可以通过对式（6-15）～式（6-17）的方程进行回归分析，用回归分析来代替路径分析。换言之，如果选取的变量都是显变量，通过回归分析就可以进行中介效应分析了。

本书根据温忠麟提出的中介效应检验程序进行中介效应分析。如图 6-5 所示。

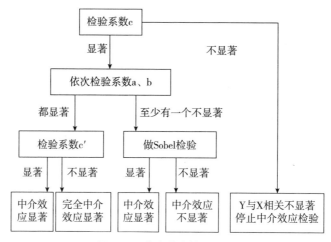

图 6-5　中介效应检验程序

第一，检验解释变量与被解释变量之间的回归系数 c，如果检验结果是显著的，继续第二步，否则停止中介效应分析。

第二，检验式（6-15）和式（6-17）中的回归系数 a 和 b，如果两个检验结果都是显著的，则意味着中介变量 M 在解释变量 X 对被解释变量 Y 的影响过程中至少发挥了一部分的中介作用，发生第一类错误的概率小于或者等于 0.05，接下来继续进行第三步。如果两个系数检验结果至少有一个是不显著的，发生第二类的错误概率比较大，则进行第四步操作。

第三，检验式（6-17）中的回归系数 c'，如果检验的 c' 不显著，则说明中介变量 M 在解释变量 X 对被解释变量 Y 的影响过程中发挥着完全中介作用；如果检验的 c' 显著，则说明中介变量 M 在解释变量 X 对被解释变量 Y 的影响过程中发挥着部分中介作用。

第四，进行 Sobel 检验，如果通过 Sobel 检验发现结果是显著的，那么就说明中介变量 M 的中介效应显著，如果 Sobel 检验的结果不显著，则停止检验。

6.3.2　中介变量测量

本书在研究陕西省高校科研经费投入对经济增长的中介效应检验时，解释变量选取的是陕西省高校科研经费投入总量（RD），被解释变量选取的是陕西省生产总值（GDP），而中介变量选取的是陕西省高校科研产出成果（OPT）。由于高校科研产出成果的衡量指标众多，因此，本节的主要目的是用因子分析方法对中介变量科研产出成果进行测量。

关于科研产出成果的衡量指标，大多数学者一般从科技著作、发表学术论文、专利申请数、专利授权数、技术转让当年实际收入等中选取产出指标，产出指标的选择差异较大。因子分析方法可以通过提取少数几个因子来反映样本数据的大部分信息。因此，本书通过因子分析方法对多个科研经费产出变量进行处理，以求出能代表各类信息的综合指标。

在总结前人研究的基础上，结合能获取的数据限制，本书以陕西省高校发表学术论文指标（M1）、国外学术刊物指标（M2）、专利申请指标（M3）、专利授权指标（M4）、专利出售指标（M5）、人才培养（M6）这些指标为科研产出的原始评价指标体系，借助主成分分析法提取原始指标的主成分作为新的输出指标，科研产出用因子分析得到后的具体变量数值进行衡量。本书采用2008~2016年的数据作为样本，数据主要来源于2008~2016年的《陕西省高校统计资料汇编》。

为防止时间序列数据可能出现的异方差现象，本书先对科研产出各数据进行取对数化处理。科研经费的产出多种多样，为准确、全面反映科研产出的科学性，采用主成分分析（PCA）法进行降维，将科研产出的多个指标转换成少数的相关性不大的综合指标。最后根据因子得分系数矩阵得出各个因子指标的线性组合，即 $F_k = \sum\limits_{n}^{N} a_n X_n$，计算出科研产出因子值。

6.3.2.1 KMO 检验和 Bartlett 球形检验

本书利用 SPSS 21 对原始科研产出数据进行对数化处理，之后用对数化的数据进行降维因子分析。在进行因子分析时，采用 KMO 检验和 Bartlett 球形检验方法检验变量间的相关系数，检验的相关系数越高，则表示越适合进行因子分析，能提取出具有代表性的因子。KMO 的取值范围在 0~1，取值越大，则变量间的相关性就越强；相反，取值越小，相关性就越弱。一般根据 KMO 临界值的大小来判断样本数据是否适合进行因子分析，如果 KMO 的值大于 0.5，则认为适合进行因子分析。否则认为不适合进行因子分析。Bartlett 检验的统计量也是由样本数据相关系数矩阵计算得出的，当 Bartlett 检验对应的概率值处于一定显著水平之下时，Bartlett 检验的统计值越大，则认为样本数据间的相关性越强，越适合进行因子分析。本书通过分析，在选取发表论文（M_1）、国外学术刊物（M_2）、专利申请数（M_3）、专利授权数（M_4）、专利出售数（M_5），以及人才培养数（M_6）为科研产出衡量指标时，得出 KMO 的值为 0.733，认为适合做因子分析。而且 Bartlett 球形检验的近似卡方值为 87.094，概率小于 0.01，也认为适合做因子分析。

表 6-7　KMO 检验和 Bartlett 球形检验

KMO 和 Bartlett 球形检验		
取样足够度的 Kaiser-Meyer-Olkin 度量		0.733
Bartlett 球形检验	近似卡方	87.094
	df	15
	Sig.	0.000

6.3.2.2　提取主成分

因子分析的目的是将多个指标或因素处理成少数几个因子，从而用少数因子来反映样本数据的大部分信息。采用 SPSS 进行因子分析处理，从图 6-6 和表 6-8 可以直观地看出应该提取的因子个数。一般而言，碎石图是将特征值按从大到小排列得到的折线图，图中有几个比较陡的线段则应该提取几个主成分。公共因子方差表则会给出方差贡献率比较大的几个因子，它们就是应该提取的主成分。

在对科研产出的六个指标进行 KMO 检验和 Bartlett 球形检验之后，科研产出各指标适合做因子分析，而碎石图就表明存在潜在变量的个数，通过对图 6-6 和表 6-8 综合分析，提取出相应的因子。

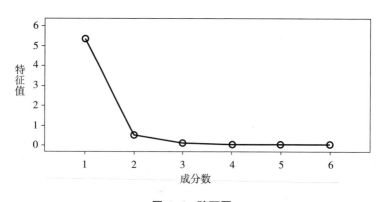

图 6-6　碎石图

表 6-8 公共因子的特征根和方差贡献率

成分	初始特征值			提取平方和载入		
	合计	方差的百分比（%）	累计百分比（%）	合计	方差的百分比（%）	累计百分比（%）
1	5.389	89.825	89.825	5.389	89.825	89.825
2	0.470	7.836	97.661			
3	0.115	1.921	99.582			
4	0.016	0.265	99.848			
5	0.008	0.131	99.978			
6	0.001	0.022	100.000			

解释的总方差

通过图 6-6 可看出，只有第一个因子在图中较陡，特征值是不平稳的，其他因子的特征值相对较平稳，因此，认为提取一个因子较合适。

通过表 6-8 可知，因子的方差贡献率表中单个因子的方差贡献率最大为 89.825%，最小为 0.022%。第一个公因子的特征根为 5.389，方差贡献率达到 89.825%，说明可以解释 89.825% 的原有变量总方差，可以很好地解释代表原数据所包含的数据信息，提取公因子的有效性较高。

6.3.2.3 科研产出的计算

通过表 6-9 可以得到科研产出的 6 个指标在单个公因子上的得分情况，根据因子得分情况从而得出这个公因子的表达式，将单个公因子假设为 F，得到公因子 F 的得分函数：将相应数据与标准化后的数据相乘，则主成分的表达式如下：

$$F = 0.178M'_1 + 0.185M'_2 + 0.183M'_3 + 0.182M'_4 + 0.179M'_5 + 0.146M'_6$$

$$(6-18)$$

表 6-9 因子得分矩阵

成分得分系数矩阵

	成分
	1
M'_1	0.178
M'_2	0.185

续表

成分得分系数矩阵	
	成分
	1
M'_3	0.183
M'_4	0.182
M'_5	0.146
M'_6	0.179

提取方法：主成分、构成得分

SPSS 将根据因子得分函数，自动计算 9 个样本的因子得分，具体数值如表 6-10 所示，即中介变量科研产出成果 OPT 即用因子得分 F_1 来衡量。

表 6-10　因子分析结果

年份	因子 F_1
2008	−1.65
2009	−1.26
2010	−0.7
2011	−0.05
2012	0.52
2013	0.43
2014	0.57
2015	0.77
2016	1.36

6.3.3　实证检验及结果讨论

在本章第 1 节的理论分析中，本书提出第三个研究假设，即陕西省高校科研经费投入是通过科研产出成果为中介，从而对经济增长产生作用。由于解释变量、被解释变量和中介变量都是显变量，本书采用温忠麟提出的中介效应三步检验法，构建出如下三个模型进行回归分析来代替路径分析。

$$\ln GDP = c \ln RD + e_1 \qquad (6-19)$$

$$\ln OPT = a \ln RD + e_2 \qquad (6-20)$$

$$\ln GDP = c' \ln RD + b \ln OPT + e_3 \qquad (6-21)$$

其中，为防止时间序列数据可能出现的异方差现象，对各数据进行取对数化处理，lnGDP 表示对陕西省国内生产总值指标取对数，lnRD 表示对陕西省高校政府高校科研经费投入总量指标取对数，lnOPT 表示对陕西省高校科研经费产出成果指标取对数。

将所有变量去中心化后，利用 Eviews 6.0 进行回归分析，如表 6-11 所示，是科研产出成果（OPT）的中介效应分析结果，其中解释变量、被解释变量和中介变量的标准化量用小写字母表示，表中的结果是标准化解。对三个方程依次进行回归检验，前面两个 t 检验在 1% 的水平下是显著的，第三个 t 检验在 5% 的水平下是显著的，前三个 t 检验显著，而第四个 t 检验不显著，所以是完全中介效应显著。即陕西省高校科研经费投入是完全通过科研产出成果对经济增长产生作用。因此，积极促进高校科研成果转化是高校科研经费实现最大经济效益的重要一环。

表 6-11 科研产出（OPT）的中介效应依次检验

	标准化回归方程	回归系数检验	
第一步	lnGDP = 1. 343 lnrd	SE = 0. 105	t = 12. 753 **
第二步	lnOPT = 3. 722 lnrd	SE = 0. 332	t = 11. 205 **
第三步	lnGDP = 0. 217lnOPT + 0. 536ln rd	SE = 0. 08/ SE = 0. 335	t = 2. 482 * t = 1. 597

注：SE 表示标准误。** 表示 p < 0.01，* 表示 p<0.05。

6.4　本章小结

本章首先进行高校科研经费投入对经济增长影响机理的理论阐述，并作出研究假设，为下文的实证分析提供理论支撑，然后采用协整检验计量经济学方法，在以往考察科研经费总量对经济增长影响的研究成果基础上，将科研经费从不同来源渠道（政府资金、企业资金）和不同经费类别（基础研究、应用研究、试验发展研究）这两个角度进行细化考察。其次采用温忠麟中介效应三步检验法对陕西省高校科研经费投入与经济增长进行中介效应分析。

（1）高校科研经费投入对经济增长产生影响需要具备相应的微观载体。高校科研经费投入对高校开展科研活动提供资金保障，高校研发活动是影响过程的发起端，企业是影响过程的接收端，高校与企业分别作为知识的供需方，只有保持知识的流动才能实现高校知识的经济价值。从政府、企业这两个高校科研经费来源渠道来看，政府的科技投入能够有效地消除创新主体在科研过程中的风险顾虑，科学知识是一种带有公共物品性质的知识，它本身的非独占性和非排他性决定了科研活动的开展要由政府投入主导创造；对于企业而言，在全球化经济时代，企业要提高自身的核心竞争力，需要和高校合作来弥补自身在研发能力上的薄弱短板。在此，本书提出第一个假设，即政府和企业科研经费投入对经济增长有积极的促进作用。高校研发活动是影响过程的发起端，高校研发活动主要分为基础研究、应用研究和试验发展研究三种不同研究类型。基础研究是核心技术创新的源泉，应用研究和试验发展研究是研究成果转化为生产力的必经过程，科研经费的投入为这三种不同研究类型科研活动的顺利开展提供资金保障。在此，本书提出第二个假设，即基础研究、应用研究以及试验发展研究经费支出对经济增长都有积极的促进作用。

（2）高校科研产出成果在高校科研经费投入影响经济增长的过程中发挥着中介作用。高校科研经费投入对经济增长产生影响是一个间接的过程，科研经费的投入能带来科研成果的产出，高校科研产出成果包括新技术、新专利等的出售转让、论文及专著的发表和出版以及拥有优秀管理经验和专业技巧的优秀毕业生等。高校向企业输出创新型人才，创新型人才提高企业生产效率；高校的重大科学发现促成新兴产业的形成、高校创新成果支撑企业创新、高校技术转移助推高技术产业发展。企业生产效率的提高和产业结构的优化能促进经济的增长。在此，本书提出第三个假设，即高校科研经费投入是以科研产出为中介，从而对经济增长产生促进作用。

（3）从陕西省高校科研经费的不同来源渠道视角，进行科研经费投入与经济增长的协整检验结果表明，政府和企业对高校的科研经费投入对经济增长都有积极的促进作用，且长期效应比短期效应更明显，但是，无论是政府还是企业对高校的科研经费投入对经济增长的作用仍有很大的提升空间。

（4）从陕西省高校科研经费的不同支出结构视角来看，进行科研经费投入与经济增长的协整检验结果表明，基础研究经费投入对经济增长有积极的促进作用，但这种促进作用具有滞后期，长期影响效应比短期效应更明显；应用研究经费投入对经济增长有积极的促进作用，短期和长期影响程度几乎一致；试验发展研究对经济增长也有积极的促进作用，但是它的短期效应比长期效应更显著。另外，这三种不同研究类型的科研经费投入对经济增长的贡献作用都还有很大的提升空间。

（5）对陕西省高校科研经费投入对经济增长的影响进行中介效应检验，以科研产出成果为中介，利用因子分析法对科研产出成果进行测量，实证结果表明，高校科研经费投入确实是以科研产出成果为中介，从而对经济增长产生作用。因此，积极促进高校科研成果转化对提高科研经费经济效益具有重要的意义。

7

西部地区科技投入绩效水平提升的
对策建议

根据第 4 章的实证结果发现，我国西部地区科技投入产出效率低于东部、中部地区，科技投入产出效率内部差异大于区域间差异，对其影响因素进行测度发现，科技进步、投入结构、市场化程度对其绩效的高低均有显著影响，基于此，本章根据现状分析中存在的问题及实证结果，提出提升西部地区科技投入绩效水平的对策建议。

7.1　调整科技投入结构

7.1.1　提高基础研究支出比例

基础研究事关国家核心创新能力和国际战略地位，是进行科研活动的关键。李克强总理明确指出，科技创新能力是我国发展的重要动力，因此我们应该进一步加强基础研究，设立国家科技创新指导中心，实现科技创新的资源共享。基础研究是国家进行科技创新的灵魂，是国家的核心竞争力。但是，在 2016 年西部地区基础研究经费投入只占经费总投入的 8.97%，而试验发展经费占总经费投入的 78.27%，通过对西部地区内部各省份基础研究科研经费投入研究发现，四川省基础研究科研经费占西部地区基础研究科研经费的 17.44%，处于西部地区基础研究科研经费投入第一位，陕西省基础研究经费略低于四川省，基础研究经费占西部地区总量的 12.51%，而在宁夏回族自治区、青海省、内蒙古自治区，基础研究科研经费投入只占西部地区基础研究科研经费的 1.37%、1.47%、1.69%，经费投入分配极不均衡，这也是我国科研经费投入现状，基础研究是创新的重要知识来源，对创新起着至关重要的作用，基础研究投入的预期收益不确定性较大，因此导致学者们无法制定长期的创新战略，而看重眼前利益，"重应用研究，轻基础研究"，最终导致创新缺乏理论基础。在科技快速发展的现今社会，科技创新能力是我国科技发展的关键能力，对科技事业的投入也应该进一步加强，不仅使基础研究、应用研究、试验发展研究三种活动类型经费投入齐头并进，也应该加大对西部地区各省份基础研究的科研资源投入，缩小西部地区内部各省份基础研究科研经费投入差距，并从全面性、战略性入手，增加长周期项目的申报和投入，给予充足的资金支持；另外，增加基础研究投入来源的多元化，鼓励企业加大对基础研究的资源投入。

7.1.2 均衡区域科技投入水平

政府应该在西部经济欠发达地区加大科技投入，并制定合适的优惠政策，缩小区域内差异。在研究中发现，西部地区内部科技投入差距较大，东西部地区的科研投入、科研能力、科研产出都呈现出"东强西弱"现象，政府每年对东部地区的科研投入远远大于西部地区，因此也导致优秀科研人才从西部地区流向东部地区，最后使得东部地区的优势累加，西部地区劣势累积，因而形成"马太效应"，进一步加快了经济不平衡发展的步伐。"马太效应"不仅体现在东西部地区的科技资源投入差距，并且存在于西部地区内部省份之间的科技资源投入差距，作为西部地区的科研强省四川省，2016 年的科研经费投入占总经费投入的 28.18%，而与之相差最大的是青海省，科研经费投入只占总经费投入的 0.70%，相差近 41 倍，而对于人力资源的投入，四川省占总科研人力资源的 25.54%，青海省占 0.85%，科技资源差距较大，因此，为了缩小科研资源投入差距，实现西部地区 11 个省份同步发展及东部、中部、西部地区协同发展，进而提高整体科研能力，一方面，国家应该重视这种不平衡发展，并将科技资源适当从东部和中部地区向西部地区转移，在关注西部地区基础建设的同时增加科研投入，着力提升西部地区科研能力，实现自身的自给自足，并鼓励外部科研人才对西部科研活动进行学术支援，对西部地区的科研人才给予大力支持和奖励；另一方面，要实现跨区域合作的以强扶弱，还可以通过将东部、中部地区科研能力较强的机构、企业、学校与西部地区合作，或者在西部地区区域内实现强弱省份之间的联合科研，从而提高西部地区的科研能力，可以专门设立联合科研项目，并加大对联合科研项目的奖励；也可以建立多个联合科研平台，为合作双方提供良好的科研环境和基础设施。

7.2 促进科研经费协同管理

7.2.1 实现科研经费的协同监管

为了保证科研经费的有效使用，促进科研成果产出，科研单位还应该建立科研经费协同监管机制。第一，强化科研经费使用的透明性。对于经费的使用，科研人员应该及时上报存档，并且提供完备的使用证明，核查收据的可靠性和真实性，从而阻止科研经费的虚假报销和虚假使用。第二，成立专门的科研经费监督部门。现如今，经费的审查程序越来越严格，但是也流于形式，大多数人不按照程序办事，敷衍了事。因此，建立专门的科研经费监督部门，确保在经费使用过程中各阶段的经费监督严格执行，明确各部门的监管职责，对科研经费的使用进行定期审查核实十分必要。第三，强化审计作用。许多高校、科研机构甚至企业一般聘请专业的外部审计机构进行账目的核对与审计，由于外部审计部门的专业性和客观性，可以保证审计的有效性和准确性，但是由于每个企业、高校、科研机构的异质性，外部审计部门可能只能对普遍的账目进行核对，而对于科研单位自身专属的账目缺乏了解，从而容易造成审计偏差。因此，科研单位应该成立自己的审计部门，将内部审计和外部审计相结合，从而保证科研经费的有效使用。

7.2.2 促进科研经费的有效配置

科技资源作为科技活动开展的关键，其配置水平的高低直接关系到区域经济发展的动力和方向。西部地区科技投入产出平均效率低于东中部地区，虽然平均效率值达到 1.3 以上，处于 DEA 有效状态，但是西部地区内部各省份科技投入产出效率有较大区别，如 2015 年重庆市科技投入产出综合效率为 3.452，陕西省科技投入产出效率为 2.137，呈现出显著的 DEA 有效，然而，宁夏回族自治区的科技投入产出效率只有 0.647，则表现产出 DEA 无效。在对科技投入成果产出效率进行分析时发现，内蒙古自治区和宁夏回族自治区在 2009～2015 年的效率均处于 DEA 无效状态。处于 DEA 有效状态的省份并没有完全利用科技资源，存在较大的冗余量，进而造成了科技资源的浪费。从上述分析中我们可以看出，西部地区有限的科技资源并没有得到合理的配置。科技资源的有效配置主要体现在：第一，加强对科研经费使用的核算。为了提高科技资源配置水平，在一定程度上，西部地区各省份应该对使用的每一笔经费追寻出处，并对经费使用过程中的不合理情况积极做出调整。第二，将西部地区高校的投入经费来源多元化。鼓励西部地区高校进一步吸引企业资助，促进西部高校的科研能力的提升，进而优化高校科研经费配置。第三，对学术过程中的浪费和虚假操作行为进行严惩。近年来，学术不端现象时有发生，因此，应该对此行为提出相应的惩罚措施，使得科技资源做到"物尽其用"。第四，增强各地区科研经费使用的透明性。对各类经费的使用和支出进行详细的记录和凭证，并要严格按照批准的预算执行，不能私自挪用科研经费和虚假报销，以私充公。重大科研项目经费实行财政国库直接支付进行，注重科研经费的使用情况，避免浪费、挪用等现象的发生，学校内部审计部门要发挥主导作用，将科研经费管理作为审计重点，进行全面监督和重点审计，在经费使用过程中使经费使用账目细化，并进行公开监督，以防科研相关人员私下交易、暗箱操作、挤占挪用等科技失信行为的发生，最有效的措施就是提高经费使用的透明度。将重大科研经费的使用明细按照类别进行整理后向公众公开，充分发挥媒体与互联网的作用，构建信息共享平台，进而提高经费管理的公开性；加强科研经费使用阶段性汇报。第五，改进结转结余资金留用处理方式。根据考核结果设置不同的结余经费处置：项目优秀的结余资金交予负责人处置。项目评价优秀，是经过科研小组及负责人的一致努力达成的，科研是一项既枯燥而又繁重的工作，而科研人员的收入与其付出往往不成正比，工作时间长、科研压力大、回报低等。第六，留作二期项目资金。科研项目的结题不意味着项目结束，可能还有后续研究，但该研究往往不便于再继续申请经费，此时可以根据对项目负责人的审核结果来决定结余经费的处置，若评价优秀，结余经费完全可以留给科研小组作为后期项目启动资金，完善原来的科研项目，或者开展新的项目。上交并进行共同管理。若评价结果一般，结余经费再收归单位统一管理。对于评价结果应该合理利用，对于完成度高、成果优秀的课题，经费可以自行处置；若是评价结果一般、课题完成度较低、管理人员存在较大问题等的课题，其结余的科研经费应该上交上级科研经费管理部门统一管理，或者上交原政府部门。

7.3 加强科研人员管理

7.3.1 提升科研人员素质水平

近年来，我国西部地区对于人才的引进及管理在逐渐完善，但是为了防止科研人员流失，增强科研人员的科技创新能力，西部地区更应该在提高科研人员素质水平方面多下功夫。第一，使科研队伍规范化。科研队伍是否规范直接影响科研成果质量，因此，建立一支专业化、规范化的科研队伍至关重要。现如今，西部地区科研队伍存在的最大问题是人员素质不高，2015 年，西部地区拥有博士学历的科研人员只占该地区科研人员总量的 7.43%，西部地区内部四川省博士科研人员为 16339 人，占该省份科研人员总数的 8.22%；而青海省博士科研人员只有 444 人，占西部地区博士科研人员总数的 0.8%，高学历科研人员较少，科研创造力薄弱。因此，为了提高该地区的科技创新能力，西部地区应该从本质入手，努力提高科研人员的理论知识和学术素养。一方面可以通过提供高质量的科研环境和科研基础设施，使科研人员对科研活动保持高度的热情与好奇，进而培养科研人员的创新性；另一方面则是对内部科研人员进行定期培训和学术交流，学术交流是文化互相融合、能力互相促进的过程，进而保证科研活动的有效实施。第二，加强科研人员的思想政治建设。国家是一个大的集合，由形式各异的小部分组成，不同组成部分扮演的角色也完全不同。因此，科研人员应该在顺应国际科研趋势的基础上紧跟国家的科研方针政策、科研动向，加强思想政治建设，全面掌握科研动态前沿，提高科研活动实施的可行性。然而，在西部地区的小团体中，科研人员应该根据西部地区的经济发展和科技创新的实际情况，掌握该地区的思想方针和规章制度，认真学习理论知识，确立符合西部地区的科研动向。第三，提高科研人员自身的科研能力。科研能力具有自身性，这不仅包括后期对科研人员的人力资本投入，还包括科研人员自身具有的科研天赋。因此，提高科研人员的科研能力就要培养科研人员对前沿动态信息获取的敏感性，丰富自身理论知识，并应用于实际当中。而科研人员的科研能力并不只是包括科技创新能力，还包括在科研队伍中，科研人员的明确分工、协调与配合，尽可能发挥科研队伍优势。第四，增加高质量科研人员的引进。吸收外部优秀人才，为科研活动注入新鲜血液，这有助于科技创新能力的提升。从本书的研究中我们发现，拥有博士学位的科研人员占科研人员总数量的比例不足1%，提高科研人员质量一方面可以促进科技创新能力的提高，另一方面也可以保证科研产出数量和质量，对科技发展起到至关重要的作用。

7.3.2 加大科研人员激励力度

科研人员是科研活动中的主力军，是进行科研活动不可或缺的一部分，因此，如何保持科研人员的创新热情，提高科研人员的科技创新能力非常重要。然而现如今对科研经费的管理越来越严格，科研人员自主支配的经费越来越少，这很大程度上挫伤了科研人员的科研积极性。因此，加大激励力度可以激发科研人员的科研热情，保持良好、持久的创新能力，进而提升西部地区科技投入绩效。

首先，加大科研人员的激励力度，就要更大程度上给予科研人员经费使用的自主性。扩大间接经费的使用范围，使经费使用更具有柔性化。合理分配用于科研人员的劳务经费和用于科研活动的直接经费。其次，应该完善科研人员激励制度。近年来，随着科技发展的加速，科研人员也得到了更多的关注和重视，然而对于西部地区科研人员的激励仍然处于发展的初级阶段，与东部、中部地区差距较大。现如今，广东省在对人员激励中明确提出，科研院所可以从直接费用中开支项目在编人员的人员费，这也进一步保障了参与科研项目的在编人员的工资性支出，同时也加大了科研人员的激励力度，取消了绩效支出的比例限制，明确项目承担单位可在核定的间接费用比例范围内统筹安排绩效支出，并与科研人员在项目工作中对法人做出的实际贡献挂钩，这也使得科研人员劳有所得，干劲十足。由于经济发展的限制，西部地区在人才激励方面比较薄弱，西部地区应该借鉴广东省的成功经验，改变传统观念，加大科研人员方面的激励投入，放开经费管理，使科研人员拥有更多的经费使用自主权，与东部地区的科研激励力度缩小或持平。这样一方面能降低科研人员的流动性，另一方面能吸引高质量的学者加入西部地区的科技创新建设中。再次，设置有针对性的激励方案。不同学术层次阶段的科研人员需求不同，不能一概而论。根据马斯洛需求层次理论，按照学术成果水平设置不同的激励方案，以保障激励的有效性。最后，加大人力资本投资。人力资本投资可以直观地提高科研人员的科研能力。对于年轻的科研人员来说，科技创新能力较强但科研经验欠缺。因此，为了保障二者的统一，可以提供更多的学术交流机会，如出国访问、邀请国外专家学者进行经验分享、与国外科研单位建立联合创新平台等。

7.3.3 完善科研人员绩效评价体系

绩效评价应是进行科技人力资源配置优化的依据，是提升科研能力的基础，根据考核结果，对科技人员进行激励，进而提高科技人员科研积极性，提高了科技创新能力。而目前科技人员绩效考核存在的种种弊端，已经影响了科技人员考核的公平性，削弱了科研人员的科研热情，是限制科技进步的一大障碍。因此，对科研人员准确、客观地进行评价就显得尤为重要。

首先，建立科学的绩效评价体系。由于科研单位性质的特殊性，短期行为并不能成为评价科研人员绩效的唯一依据。对于科研人员贡献的衡量包括短期和长期两个方面。如科研人员在科研活动中的工作数量和质量、是否对科研目标的实现起到重要作用、是否在科研活动中提供了建设性的意见和建议、科研成果是否具有实际应用价值等，所以，对科研人员的绩效评价也应该分为长期绩效评价和短期绩效评价。其次，将自我评价与同行评议机制有效结合。自我认知的准确性能将科研人员内部特质直观地表现出来，同时也会出现夸大评价事实、评价主观性强等问题，而对科研人员进行同行评议时，应该丰富评价主体，将科研人员的上级领导、同级同事、直接下属也纳入评价主体中，保证评价的客观性。因此将自我评价与同行评议结合起来，一方面可以发现科研人员的内在特质，另一方面还可以突出科研人员的外部性特征，从而加强了绩效评价的可信度。最后，加强绩效考核反馈。只有考核而缺乏反馈的考核机制是不完整的。而大多数科研单位注重绩效考核过程而忽视了绩效反馈的重要性，使得绩效考核过于形式化，没有起到提升科研人员绩效的作用。只有在考核后积极进行绩效反馈，才能使科研人员进一步认识到自身的不足并加以改进，完善自身理论知识的学习、提高科研效率、增加科研成果产出，从而提高自身绩效和科技创新能力。

7.4 优化科研管理政策

7.4.1 完善科研经费管理的相关体制机制

有效的科研经费管理是提高科技投入产出效率的关键。科研经费管理相关体制机制是对科研经费管理的规范和指导，具有现实意义。我们应该从以下两个方面完善科研经费管理的体制机制：

第一，将国家政策和西部地区地方政府政策有效结合起来。国家科研经费管理政策代表着科研活动的整体方向，是科技创新活动的"领头羊"，而地方政府科研经费管理政策则更具有针对性，是根据该地区的经济状况、文化层次、科研水平等因素所建立起来的科研经费管理制度，能有效地为该地区的科研发展服务。所以，应该将国家政策和地方政府政策有效结合起来，既把握科技创新前沿动态，又符合该地区的实际应用，从而提高科技投入绩效。第二，建立联合科研制度。联合科研体现在两个方面：一方面是西部地区内部省份之间进行联合科研，如四川省、陕西省、重庆市等地区属于西部地区的科研强省，科技投入产出绩效相对较高，而像宁夏回族自治区、青海省、新疆维吾尔自治区等地区科技投入产出效率较低，因此，需要加大对西部地区科研的扶持力度，科研强省扶持科研弱省，进而缩小科研差距。另一方面进行区域间的联合科研。西部地区之所以科技绩效相较于东部、中部地区略低，是因为科研资源的投入较低并存在很大程度的流失，因此，联合科研就变得尤为重要，在增强了强科研地区的科研能力的同时也改善了西部地区的科研窘境，西部地区也在联合科研的过程中学习成功经验，但是联合科研并不总是主动的，因此也需要制度的强制性，从而提高西部地区科研经费投入的利用率。

7.4.2 完善科研监督制度

近年来，随着西部地区科研活动的逐步发展，对科研经费管理和科研人员管理的监督也在逐渐完善，但是多局限于自主监督，而这种监督有时候会出现包庇问题，仍然缺乏有效的监督制度指导活动，因此，为了规范科研活动，政府应该完善已有的监督制度并建立符合实际科研情况的科研监督制度。使科研管理更倾向于科学化、人性化、透明化。有效的科研管理是对科研人员进行有效评估，使得评估结果客观、公正，保证科研人员的利益不受侵害。多样化的绩效评价是保证科研工作质量和效率的重要基础，从而提高了科研资源配置效率。因此，在进行评估时可以借鉴国外的成功经验，根据自身的科研状况进行调整，以适应西部地区的科研现状。英法两国对绩效进行评估和监督的成功经验来自于运用专家委员会。专家委员会一方面可以有效地防止腐败现象的发生，另一方面由于专家委员会的专业性，可以保证客观公正的评估。科研监督不仅体现在科研过程中，还包括对科研工作开展前的准备工作和科研工作完成后的跟踪，这才能从根源上解决科研腐败问题。在实施科研规划前，对科研项目的预测和评估也是保证科研工作顺利进行的重要环节，因此，对这一环节的监督尤为重要，通过对这一环节的监督，避免了科研资助的盲目性，增加了科研资助的实用性。而对科研工作完成后的跟踪监督，使科研资助物尽其用，避免科研经费的浪费和滥用。

7.4.3 提高科研管理的信息化水平

在对西部地区的科技投入及绩效评价存在问题的原因进行分析时发现，导致西部地区科技投入绩效水平低的原因主要是科研经费使用监管不到位、缺乏可靠的经费预算、经费报销程序复杂滞后等。因此，本书提出在科研管理方面，应该提高科研管理的信息化水平。对科研管理进行信息化建设需要坚持统一领导和规划、统一管理和建设的原则，在管理过程中健全和完善科学的管理制度，规范运用信息化管理手段，并进行统筹规划，进而提高科研管理的有效性，以保证科研绩效的有效增长，因此，本书致力于提升科技投入绩效，主要从以下三方面入手提高科研管理的信息化水平：

第一，建立专业的信息化建设队伍，进而加强对信息化建设的领导。西部地区应该以各省份为单位，在区域层面建立以各省份职能部门领导为单位的成员小组，协调信息系统的建设，同时单位选派信息技术能力较强的人与职能部门共同组成工作技术小组，并利用单位自身的信息技术专家或聘用技术专家顾问共同组成专家咨询小组，这进一步有助于工作技术小组在专家指导下有条不紊地进行信息采集、平台建设及管理、信息系统的更新与维护，使得信息管理更简单快捷、系统化，并由此带动和促进科研单位的科研工作。

第二，整合资源，将信息库进行统一化管理。信息化的基本要求是进行集中统一管理。信息系统的集中统一管理能有效地避免重复工作，进而减少资源浪费。建立虚拟管理平台，将科研信息数据统一化能提高科研信息化水平，保证科研工作的有效进行。科研工作者也可充分利用信息平台，进一步简化科研管理程序，使得科研管理方式更加快速便捷。

第三，信息化水平的提升不仅需要"一把手"重视，而且需要各部门科研工作者和科研管理人员协调合作，充分调动各部门员工的积极性，特别是专家、教授以及各级信息化建设的管理人员要积极投身和参与到信息化建设队伍中来，共同协作，进而提高科研管理的信息化水平。

西部地区科研管理信息化水平的提高在一定程度上简化了科研经费报销的程序，提高了科研管理效率，同时可以通过信息化进行科学预算，避免了科技投入的浪费，保证了科技投入的充分利用，提高了科技投入绩效，从而促进了西部地区科技和经济的发展。

7.5 加大科研经费柔性化管理力度

7.5.1 加强弹性化预算管理

通过对我国西部地区科技投入产出投影分析结果可知，西部地区的科技资源存在较大冗余，在 2015 年科技投入成果产出投影分析中，除内蒙古自治区、陕西省、新疆维吾尔自治区、重庆市四个省份外，其他地区基础研究经费投入存在冗余，甘肃省基础研究经费冗余量为 149577.686，四川省基础研究经费冗余量为 56678.053；在应用研究经费中，广西壮族自治区、青海省、陕西省、四川省、新疆维吾尔自治区存在经费冗余现象，陕西省应用研究经费冗余量为 672964.333，冗余量较大，处于第二位的是四川省，经费冗余量为 170952.595；试验发展在我国处于重要地位，是我国科技创新的主要动力，在试验发展的投入中，对西部地区而言，内蒙古自治区、宁夏回族自治区、陕西省、四川省、云南省、重庆市地区投入冗余总量达到 4171757.885，因此，在科研项目的申报过程中，对科研经费的使用进行预算是必不可少的一个环节。然而，在前期预算经费时，科研人员只从经费使用的大方向入手对经费进行预算，而忽略了细小经费使用方面的预算，最后造成经费使用超出预算，导致科研项目延迟结题。因此，在经费预算时，应尽可能将经费使用的条目精细化，并保持经费使用的弹性化，在允许的范围内设置更多可自主支配的经费，以应对因信息获取的有限性而未进行预算的经费使用。一是加强预算审核。在经费审批阶段，对科研经费的预算进行严格审核，保证预算的可行性和实用性，防止因滥用而造成的科研经费浪费。二是建立专业的经费预算机构。在大多数情况下，经费的预算都是由项目负责人进行的，但是由于项目负责人缺乏专业的预算经验，可能会夸大预算开支，进而造成经费的浪费，使经费投入与带来的产出不匹配。而专业的预算机构可以进行客观的预算，在严格遵守规范化预算程序的基础上，为科研人员留有一定的使用弹性区间，保证科研活动的顺利开展。三是科研人员可以根据以往的项目预算进行调整和改进。总结以往的预算中出现的不合理问题和合理预算的经验，进而调整现有项目的预算，并对自身项目的预算条目有针对性地进行完善，减小预算的难度。

7.5.2 丰富科研经费资助模式

通过既有文献研究发现，我国西部地区科研经费的资助模式较为单一，主要是通过竞争方式获得基金资助，而缺少根据不同科研规模和科研水平的高低进行科研经费资助，或者是通过签订合同的方式获得经费资助。然而，单一的资助模式使得科研资助方式过于刚性，这将不利于西部地区的科技发展，也不利于调动科研人员的科研积极性。因此，为了使西部地区科研经费资助模式更柔性化，提高西部地区的科技投入绩效，应该在原有资助模式的基础上，进一步丰富和完善。一方面，西部地区应该发展和创新稳定性科研经费资助模式。稳定性科研经费资助应主要投入基础研究，而不是投入应用研究和试验发展研究中。由于基础研究投入周期较长，短期收益不明显，所以，基础研究在进行科研活动时得不到重视，导致了科技投入绩效的降低。因此，在进行科研经费资助时，将大量的稳定性科研经费投入基础研究中，可以有效提高科技创新能力，促进科技发展。另一方面，可以通过科研服务购买方式进行经费资助。市场化的科研服务购买方式的资助是根据商品交易的模式，由政府部门与项目承接单位签订科研服务购买合同，合同中明确规定在服务期内应该完成的科技成果、科研经费的拨付方式以及项目考察形式。通过合同方式使双方达成契约，一切责任、义务应该按照合同约定严格执行。

7.5.3 提高科研经费内部控制的柔性化

随着西部地区经济的日益发展，对科技发展的重视程度也在进一步加强。因此，为了促进科技发展，西部地区在近几年不断加大科研经费的投入，为科研活动的开展提供了充足的资金支持，保证了科研活动的有序进行，然而，随着科研经费投入越来越多，经费的使用问题也不断出现，导致科研经费大量浪费。因此，为了提高科技投入的利用效率，加大科研经费的柔性化管理力度，西部地区应该从经费的内部控制方面入手，强化科研经费管理。首先，改善科研经费管理内部控制环境。必须树立正确的经费管理理念，从而规范科研经费使用，这就要求西部地区的所有科研单位起到带头作用，以身作则，提高自身经费使用觉悟，减少科研经费的浪费。其次，强化内部控制活动。要求科研人员对经费预算的整个过程进行全方位控制和管理，以保证科研活动的正常开展，并且科研人员还应该加强对固定资产的控制和管理，对已有的固定资产进行定期核查，对损坏的仪器设备及时修复，进而提高科研仪器设备的利用效率，从而避免科研资源的闲置和浪费。最后，建立完善的内部沟通机制。加强科研部门内部沟通与交流可以有效避免由于信息不对称而产生的科研项目进度停滞、责任不明确、科研工作形式单一等问题，可以提高科研活动的进行速度和效率，进而促进西部地区的科技发展。

7.5.4　完善科研经费柔性化决算管理

西部地区在对科研经费进行决算管理时，由于科研经费管理过于刚性，使得科研经费的决算结果与实际决算结果存在较大偏差，造成决算结果失真，进而科研人员不能根据决算结果有效调整科研经费的使用，造成科研经费的浪费。因此，为了提高西部地区科技投入的利用效率，应该从以下三个方面提高决算的准确性：首先，应该合理划分科研经费决算管理权限。重大项目的决算审批应该由上级领导同意执行，而对于一般项目的决算审批可以按级分配，从而保证科研经费的自主使用，但是在对各级领导进行决算审批时应该给予适当的监督，保证决算审批的公正性。其次，完善科研经费决算报表体系。我们在研究中发现，现行的决算报表对经费使用的界定种类较少，不能明确了解科研人员对经费的使用情况。因此，科研单位在进行决算时，应该在原有决算报表明细的基础上，进一步细化决算的经费使用范围，一方面防止预算超支，另一方面可以为下一阶段项目预算提供依据，进而增强决算管理效率。最后，注重预算与决算的一体化管理。科研经费决算是科研单位进行财务管理的一个重要手段，经费决算的编报可以客观反映科研经费的预算编制和执行的准确性。因此，完善科研经费决算制度和办法，并将科研经费预算与决算管理一体化推进，不仅可以改进科研经费决算管理，而且还可以增强科研经费预算编制和执行的功能，进而使科研经费得到合理利用。

8

结论与展望

8.1 结论

本书首先分析了西部地区的科技投入现状及存在问题，进而探明科技投入存在问题的原因，通过科技投入绩效评价指标的构建，并对各指标进行灰色关联度分析，以期进行实证研究。其次，通过建立超效率 DEA 模型从科技投入的总过程和分过程两个维度进行科技投入产出效率测算，并将东部、中部与西部进行比较分析，再利用泰尔指数测算的西部地区与东部、中部地区效率差异进行度量和分析。再次，建立 Tobit 面板数据回归模型，对西部地区科技投入绩效的影响因素进行实证分析，以陕西省高校科技投入为例，分析了陕西省高校科研经费投入的现状及存在的问题，探明了陕西省高校科研经费对经济增长的影响机理模型，以系统的角度审视高校科研经费从投入到产出再到对经济增长产生影响的全过程，探明高校科研经费投入如何促进经济增长这一机理"黑箱"，并提出研究假设，然后对提出的研究假设进行实证分析，利用计量分析方法对高校科研经费投入与经济增长进行协整检验；利用因子分析方法对科研产出进行测量，以科研产出为中介变量，根据温忠麟提出的中介效应检验程序，对陕西省高校科研经费投入对经济增长进行中介效应检验。最后，根据实证分析结果提出提升西部地区科技投入绩效的对策建议，综上研究，本书可以得到如下三个方面的结论：

（1）西部地区科技投入及绩效评价存在一定的问题。第一，科研经费投入方面的问题。包括投入强度存在"马太效应"、投入结构不合理、经费投入所带来的产出较低。第二，科技人力资本方面的问题。包括人力资本投入不足、科研人员的科技创新能力较弱、科研人员分布不均衡。第三，科技投入绩效评价存在的问题。主要体现在绩效评价指标不合理、绩效评价结果的运用反馈不够、绩效评价指标体系不完善三个方面。

（2）根据实证分析得出了三点结论：①对西部地区投入产出平均效率进行分析可知，综合效率大于阶段效率，处于 DEA 有效状态。在对西部、东部、中部地区科技投入产出效率进行分阶段研究时，针对第一阶段科技成果产出效率对比分析发现，呈现西部地区小于东部、中部地区，在三大地区内部，西部地区各省份效率差值最大，出现两极分化现象。在第二阶段经济效率对比分析研究中，西部地区变化幅度较大，中部变化幅度较小，且平均效率值高于西部地区。②通过东部、西部、中部进行区域差异分析发现，科技投入产出综合效率、科技投入成果产出效率、经济产出效率的区域间平均差异小于区域内平均差异，通过对比区域内差异研究发现，呈现西部地区内部差异大于东部、中部地区内部差异。③通过建立 Tobit 模型进行影响因素分析发现，科技进步（TFP）、投入结构（IS）、市场化程度（MD）三个因素对西部地区科技投入产出效率有显著的促进作用，人力资本质量（Hum）虽然对科技投入产出效率影响不显著，但是其系数为正。

（3）通过对西部地区科技投入绩效进行评价分析，本书为提升西部地区科技投入绩效水平提出五点对策建议：第一，在调整科技投入结构方面，应该提高基础研究的支出比例，均衡区域科技投入水平。第二，在改善科研经费管理方面，应该对科研经费进行全面预算管理，实现科研经费的协同监管，并促进科研经费的有效配置。第三，在加强科研人员管理方面应该提高科研人员素质水平，并加大科研人员激励力度，完善科研人员绩效评价体系。第四，在优化科研管理政策方面应该完善科研经费管理的相关制度体制和科研监督制度，提高科研管理的信息化水平。第五，在加大科研经费柔性化管理力度方面，应该从加强弹性化预算管理、丰富科研经费资助模式、提高科研经费内部控制的柔性化、完善科研经费柔性化决算管理四个方面进行研究。

8.2　研究不足及展望

8.2.1　研究不足

本书选取了我国西部地区科技投入产出 2009～2016 年的数据作为研究样本，在梳理国内外相关文献以及理论研究的基础上，深入探究了我国西部地区科技投入绩效存在的问题，并通过实证分析得到了一些探索性结论。虽然具有一定的样本量，取得的相关结论也具有一定的普适性，但是由于客观数据以及研究水平的限制，仍存在以下两点不足：

（1）数据收集方面的限制。由于数据获得的限制，本书在指标数据的收集上存在一定的局限性。本书根据文献综述和理论基础，并根据西部地区科技投入产出的现状，选定绩效评价指标，进一步收集数据进行实证研究。然而，在数据收集过程中，大多依靠《中国科技统计年鉴》，无法获得最详细的一手数据，从而造成数据收集的局限性，这对本书中绩效评价有一定的影响。另外，在研究方法的使用上，本书使用超效率 DEA 模型进行科技投入绩效的测算，并且考虑了成果转化的滞后性，将延迟一年的成果指标作为科技产出，然而部分学者在对科技投入转化进行研究时，考虑了不同时长的滞后性，与其研究存在一定误差，因此，笔者在后期的研究中也会充分考虑不同时长的滞后性对科技投入绩效的影响是否存在误差，进而提升科技投入绩效评价的准确性。

（2）影响科技投入绩效水平的因素考虑不是非常全面。在对科技投入绩效影响因素进行研究时，虽然从科技投入产出的实际出发，在国内外学者们的研究基础上，选取科技进步、人力资本质量、投入结构、市场化程度作为科技投入绩效影响因素，但是，从科技投入产出的实际情况来看，科技投入产出是一个过程，影响科技投入绩效的因素众多，从不同角度、不同层次对科技投入绩效的高低产生作用，在对科技投入绩效影响因素指标进行选取时，具有一定的局限性，未能全面对科技投入绩效的影响因素进行分析，进而可能对科技投入绩效的评价存在一定的偏差。

8.2.2 展望

通过对国内外现有研究成果的梳理和总结以及本书的研究发现，认为今后关于科技投入绩效评价可以从以下两个方面进行深入研究：

（1）对西部地区内部各省份内在问题进行深入研究。随着科技的逐步发展，我国西部地区科技投入绩效也在进一步提升，但是相对东部、中部地区而言，科技投入绩效仍然处于劣势，其内部各省份科技投入绩效也存在较大差异。本书也仅限于对西部地区内部省份普遍存在的问题进行了研究分析，以期为西部地区科技投入绩效提升提供借鉴参考。然而，由于各省份发展的差异性，今后的研究可以从西部地区科技投入绩效低的具体省份入手，探明其存在的内在问题，为该地区的科技投入绩效评价提供参考价值，进而提高西部地区整体科技投入绩效，使研究结果更加具有实际应用价值。

（2）对西部地区科技投入绩效影响因素进行深入研究。科技投入绩效评价是一个复杂的过程，科技投入绩效的高低不仅受到其本身科技投入及产出的影响，同时也受到其所处经济环境、政治环境、社会环境、文化环境等的作用，如果只从科技投入绩效本身出发进行影响因素分析，则具有一定的局限性。因此，可以将西部地区科技投入绩效的影响因素按照微观影响因素和宏观影响因素两个方面进行指标选取和分析，准确定位科技投入绩效的影响因素、减小绩效评价误差、使评价更加全面是未来提升科技投入绩效水平的一个重要参考。

参考文献

英文参考文献

［1］ Abel J. R. Deitz R. Do Colleges and Universities Increase Their Region's Human Capital? ［J］. Social Science Electronic Publishing, 2009, 12 (3): 667-691.

［2］ Adams J. D. Comparative Localization of Academic and Industrial Spillovers ［J］. Journal of Economic Geography, 2002, 2 (3): 253-278.

［3］ Aerzuna A. Wang J. Wang, Hongwei, et al. Spatial Distribution Analysis of Heavy Metals in Soil and Atmospheric Dust fall and Their Relationships in Xinjiang Eastern Junggar Mining area ［J］. Transactions of the Chinese Society of Agricultural Engineering, 2017, 33 (23): 259-266.

［4］ Afzal M. N. I. An Empirical Investigation of the National Innovation System (NIS) using Data Envelopment Analysis (DEA) and the TOBIT Model ［J］. International Review of Applied Economics, 2014, 28 (4): 1595-1598.

［5］ Amirteimoori A. Kordrostami S. Khoshandam L. Russell-Graph Measure and Super Efficiency in Data Envelopment Analysis ［J］. International Journal of Mathematics in Operational Research, 2013, 5 (1): 40-54.

［6］ Ana M. Romero Martínez Fernando E. García-Muiña Pervez N. Ghauri. International Inbound Open Innovation and International Performance ［J］. The Evolution of International Business, 2017 (5).

［7］ Andrzej Kobryń, Prystrom J. Multi-criteria Evaluation of the Eco-innovation Level in the European Union Countries ［J］. Social Science Electronic Publishing, 2017, 12 (2): 15-26.

［8］ Arrow K. J. Economic Welfare and the Allocation of Resources for Invention ［J］. Nber Chapters, 1972 (7): 609-626.

［9］ Arthur W. B. Competing Technologies, Increating Return, and Lock-in by Historical Events ［J］. Economic Journal, 1989 (2).

［10］ Badiezadeh T. Saen R. F. Samavati T. Assessing Sustainability of Supply Chains by Double Frontier Network DEA：A Big Data Approach ［J］. Computers & Operations Research, 2017（8）：145.

［11］ Barton D. L. Well springs of Knowledge：Building and Sustaining the Sources of innovation ［M］. Boston：Harvard Business School Press, 1995.

［12］ Beise M. Public Research and Industrial Iinnovations in Germany ［J］. Research Policy, 1998, 28（4）：397-422.

［13］ Bewaji, T. Combining top Management Team（TMT）with Research and Development Intensity for Patent Performance Measurement ［J］. Management, 2013, 3（4）：195-205.

［14］ Bollen K. A. Structural Equations with Latent Variables.［J］. New York John Wiley & Sons, 1989, 35（7）：289-308.

［15］ Byungho Jeong, Changhyun Kwon, Yan S. Zhang, Sungmo Yang. Evaluating the Research Performance of a R&D Program：An Application of DEA ［J］. Lecture Notes in Engineering and Computer Science, 2010, 2182（1）：2108.

［16］ Caniels M. C. J. Regional Differencesin Technology：Theory and Empirics ［R］. Working Paper, 1996.

［17］ Caniëls M. C. J., Bosch HVD. The Role of Higher Education Institutions in Building Regional Innovation Systems ［J］. Papers in Regional Science, 2011, 90（2）：271-286.

［18］ C. Chaminade M. Plechero. Do Regions Make a Difference? Regional Innovation Systems and Global Innovation Networks in the ICT Industry ［J］. European Planning Studies, 2015, 23（2）：215-237.

［19］ Charnes A., Cooper W. W., Rhodes E. Measuring the Efficiency of Decision Making Units ［J］. European Journal of Operational Research, 1978（2）.

［20］ Chung D. B. Kim B. The Relationship between Open Innovation and Innovation Performance：Focused on the Firms in South Korea ［C］ // Portland International Conference on Management of Engineering & Technology, 2017.

［21］ Chun-Hsien Wang, Yung-Hsiang Lu, Chin-Wei Huang, Jun-Yen Lee. R&D, Productivity, and Market Value：An Empirical Study from High-technology Firms.［J］. Omega, 2013, 41（1）.

［22］ C. Marxt C., Brunner. Analyzing and Improving the National Innovation System of Highly Developed Countries - The case of Switzerland ［J］. Technological Forecasting&Social Change, 2013, 80（6）：1035-1049.

［23］Edgar M. Hoover & Frank Giarratani, An Introduction to Regional Economics ［J］. Alfred A. Knopf, 1984 （5）: 264.

［24］Eric C. Wang, Weichiao Huang. Relative Efficiency of R&D Activities: Across-country Study Sccounting for Environmental Factors in the DEA Approach Research Policy ［J］. Journal of Econometrics, 2007 （36）: 260-273.

［25］Feenstra R. C. Sasahara A. The "China Shock", Exports and U. S. Employment: A Global Input-Output Analysis ［J］. Nber Working Papers, 2017 （7）.

［26］Giseli Rabello Lopes, Robertoda Silva, Mirella M. Moro, J. Palazzo M. de Oliveira. Scientific Collaboration in Research Networks: A Quantification Method by using Gini Coefficient ［J］. International Journalof ComputerScience and Applications, 2012, 9 （2）: 15-31.

［27］Grier R. G. On the Interaction of Human and Physical Capital in Latin America ［J］. Economic Development and Cultural Change, 2002 （50）: 891- 913.

［28］Grier R. G. The Interaction of Human and Physical Capital Accumulation: Evidence from Sub2 Saharan Africa ［J］. Kyklos, 2005 （58）: 195- 211.

［29］Griliches Z. Issues in Assessing the Contribution of R&D to Productivity Growth ［J］. Bell Journal of Economics, 1979, 10 （1）: 92-116.

［30］Griliches Z. Productivity, R&D and Basic Reseach at the Firm Level in the 1970's ［J］. American Economic Review, 1986 （76）: 141-154.

［31］Hau K. T. Wen Z. Cheng Z. Structural Equation Model and Its Applications (in Chinese) ［M］. Beijing: Educational Science Press, 2004.

［32］Hurwitz J. Lines S. Montgomery B. et al. The Linkage Between Management Practices, Intangibles Performance and Stock Returns ［J］. Journal of Intellectual Capital, 2002, 3 （1）: 51-61.

［33］Iskandar D. D. Indonesian's Global and Regional Production Linkages: A Multi Regional Input-Output Analysis ［J］. Journal of Computational & Theoretical Nanoscience, 2017, 23 （8）: 7159-7160.

［34］Jae-Hyuk Ch, Kil-Woo Lee. A Study on Framework for Effective R&D Performance Analysis of Korea Using the Bayesian Network and Pairwise Comparison of AHP ［J］. Supercomput, 2013, 65 （2）: 593-611.

［35］J. L. Hu, C. H. Yang, C. P. Chen. R&D Efficiency and the National Innovation System: An International Comparison Using the Distance Function Approach ［J］. Bulletin of Economic Research, 2014, 66 （1）: 55-71.

［36］Kancs A., Siliverstovs B. R&D and Non - Linear Productivity Growth

[J]. Research Policy, 2016, 45 (3): 634-646.

[37] Kashim R. Kasim M. M. Rahman R. A. Measuring Effectiveness of a University by a Parallel network DEA Model [C] // Proceedings of the 13th Imt-gt International Conderence on Mathematics, Statistics and their Applications (ICMSA2017). American Institute of Physics Conference Series, 2017.

[38] Katharine Wakelin. Productivity Growth and R&D Expenditure in UK Manufacturing Firms [J]. Research policy, 2001, 30 (70): 1079-1090.

[39] Kelly Day Rubenstein. Transferring Public Research: The Patent Licensing Mechanism in Agriculture [J]. The Journal of Technology Transfer, 2003, 28 (4).

[40] Kiani Mavi R. Saen R. F. Goh M. Joint Analysis of eco-Efficiency and Eco-innovation with Common Weights in Two-stage Network DEA: A Big Data Approach [J]. Technological Forecasting and Social Change, 2018 (13): 17.

[41] Koschatzky K. The Role of Higher Education Institutions for Entrepreneurship Stimulation in the Regional Innovation Systems: Evidence from the Network-oriented EXIST: Promotion of University-based Start-ups Programme in Germany [J]. General Information, 2001, 1195 (1): 53-56.

[42] Kubo T. Ueshima K. Saito M. et al. Clinical and Basic Research on Steroid-induced Osteonecrosis of the Femoral Head in Japan [J]. Journal of Orthopedic Science, 2016, 21 (4): 407-413.

[43] Kutlar A. Kabasakal A. Sarikaya M. Determination of the Efficiency of the World Railway Companies by Method of DEA and Comparison of Their Efficiency by Tobit Analysis [J]. Quality & Quantity, 2013, 47 (6): 3575-3602.

[44] Lafarga C. V. Balderrama J. I. L. Efficiency of Mexico's Regional Innovation Systems: Anevation Applying Data Envelopment Analysis (DEA) [J]. African Journal of Science Technology Innovation & Development, 2015, 7 (1): 36-44.

[45] Lahouel, Béchir Ben. Eco-efficiency Analysis of French firms: A Aata Envelopment Analysis Approach [J]. Environmental Economics and Policy Studies, 2016, 18 (3): 395-416.

[46] Lai Po-Lin, Potter A. Beynon M. et al. Evaluating the Efficiency Performance of Airports Using an Integrated AHP/DEA - AR Technique [J]. Transport Policy, 2015 (42): 75-85.

[47] Lee B. L., Worthington A. C. A Network DEA Quantity and Quality-orientated Production Model: An Application to Australian University Rresearch Services [J]. Omega, 2016 (60): 26-33.

[48] Le Thi Van Trinh, John Gibson, Les Oxley. Measuring the stock of human capital in New Zealand [J]. Mathematics and Computers in Simulation, 2005 (68): 485-498.

[49] Liu J. S., Lu W. M. DEA and Ranking with the Network-based Approach: A Case of R&D Performance [J]. Omega, 2010, 38 (6): 453-64.

[50] Li X. M. Evaluating the Input/Output Efficiency between Science-Technology and Finance via Analytic Hierarchy Process [C] // Seventh International Conference on Measuring Technology & Mechatronics Automation, 2015.

[51] Li Y. Chen, Y. Liang L. and Xie J. DEA Models for Extended Two-stage Network Structures [J]. Omega, 2012, 40 (50).

[52] Luca Berchicci. Towards an Open R&D System: Internal R&D Investment, External Knowledge Acquisition and Innovative Performance [J]. Research Policy, 2013, 42 (1).

[53] Lucas Robert E. On the Machanics of Economic Development [J]. Journal of Monetary Economics, 1988, 22 (9): 3-42.

[54] Mansfield E. Basic Research and Productivity Increase in Manufacturing. [J]. American Economic Review, 1980, 70 (5): 863-873.

[55] Martí, Luisa, Martín, Juan Carlos, Puertas R. A DEA-logistics Performance index [J]. Journal of Applied Economics, 2017, 20 (1): 169-192.

[56] Musiolik, Markard, Hekkert. Networks and Network Resources in Technological Innovation Systems: Towards a Conceptual Framework for System Building [J]. Technol. Forecasting Social Change, 2012 (79): 1032-1048.

[57] N. C. L Cusmano. The "KIBS Engine" of Regional Innovation Systems: Empirical Evidence from European Regions [J]. Regional Studies, 2014, 48 (7): 1212-1226.

[58] Nelson Oly Ndubisi, Celine Marie Capel, Gibson C Ndubisi. Innovation Strategy and Performance of International Technology Services Ventures [J]. Journal of Service Management, 2015 (4): 548-564.

[59] Nelson R. R. The Simple Economics of Basic Scientific Research [J]. Journal of Political Economy, 1959, 67 (3): 297-306.

[60] Nicholas S. Vonortas. Social Network in R&D Program Evaluation [J]. J Technol Transf, 2013, 38 (5): 577-606.

[61] Odeck J. Brathen S. A Meta-analysis of DEA and SFA Studies of the Technical Efficiency of Seaports: A Comparison of Fixed and Random-effects Regres-

sion Models［J］. Transportation Research Part A：Poliy and Practice, 2012, 46 (10)：1574-1585.

［62］ Pegah Khoshnevis, Peter Teirlinck. Performance Evaluation of R&D Active Firms［J］. Socio-Economic Planning Sciences, 2018 (61)：16-28.

［63］ Pellegrino, Piva M., Vivarelli M. Young Firms and Innovation：A Micro Econometric Analysis［J］. Structural Change and Economic Dynamics, 2012, 23 (4)：329-340.

［64］ P. Gwynne. Measuring R&D Productivity［J］. Research-Technology Management, 2015 (58).

［65］ Richard Harria, Qian Cher Lia and Mary Trainorb. Is a Higher Rate of R&D Tax Credit a Panacea for Low Levels of R&D in Disadvantaged Regions［J］. Research Policy, 2009, 38 (1)：192-205.

［66］ Richard R. Nelson. Technology, Institutions, and Innovation Systems ［J］. Research Policy, 2002 (8)：1509.

［67］ Romer P. M. Increasing Returns and Long-Run Growth［J］. Journal of Political Economy, 1986, 94 (5)：1002-1037.

［68］ Rousseau S., Rousseau R. Data Envelopment Analysis as a Tool for Constructing Scientometric Indicators［J］. Scientometrics, 1997, 40 (1)：45-56.

［69］ Rousseau S. Rousseau R. The Scientific Wealth of European Nations：Taking Effectiveness into Account［J］. Scientometrics, 1998, 42 (1)：75-87.

［70］ Salter A. J., Martin B. R. The Economic Benefits of Publicly Funded Basic Eesearch：A Critical Review［J］. Research Policy, 2001, 30 (3)：509-532.

［71］ Seong Kon Lee. A Fuzzy Analytic Herarchy Process (AIIP) /date Envelopment analysis (DEA) Hybrid Model for Efficiently Allocating Energy R&D Resources：In the Case of Energy Technologies Against high oilprices［J］. Renewable and Sustainable Energy Reviews, 2013, 21：347-355.

［72］ S. Ghazinoory A. Bitaab A. Lohrasbi. Social Capital Andnational Innovation System：A Cross-country Analysis［J］. Cross Cultural Management an International Journal, 2014, 21 (4)：453-475.

［73］ Sueyoshi T. Goto M. A Use of DEA-DA to Measure Importance of R&D Expenditure in Japanese in Formation Tchnology Industry［J］. Decision Support Systems, 2013, 54 (2)：914-952.

［74］ S. Y. Sohn, Yong Gyu Joo, Hong Kyu Han. Structral Equation Madel for the Evaluation of National Funding on R&D Product of Smes in concideration with MB-

NQA Criteria〔J〕. Evaluation and Program Planning, 2007, 30 (1): 10-20.

〔75〕Taylor, Jim. Regional Economics and Policy〔M〕. New Jersey: Blackwell Publishing Limited, 1985.

〔76〕Theodore W. Schultz. Investment in Human Capital〔J〕. The American Economic Review, 1961 (16).

〔77〕Tsaur R. C. Chen I. F. Chan Y S. TFT-LCD industry Performance Analysis and Evaluation Using GRA and DEA models〔J〕. International Journal of Production Research, 2016 (5): 1-14.

〔78〕Vanessa Casadella, Dimitri Uzunidis. Innovation Capacities as a Prerequisite for Forming a National Innovation System〔J〕. Collective Innovation Processes: Principles and Practice, 2018 (4).

〔79〕V. J. Thomas, Seema Sharma, Sudhir K. Jain. Using Patents and Publications to Assiss R&D Efficiency in the States of the USA〔J〕. World Patent Information, 2011 (33): 4-10.

〔80〕Wei W. Li X. Liu W. Research on the Relationship Among Ownership Structure, R&D Investment and Innovation Performance: Based on Data Analysis of Listed Auto Companies in China〔C〕//Portland International Conference on Management of Engineering & Technology, 2017.

〔81〕Wen-Hsiang Lai, Pao-Long Chang, Ying-Chyi Chou. Fuzzy MCDM Approach to R&D Project Evaluation in Taiwan's Public Sectors〔J〕. Journal of Technology Management in China, 2010, 5 (1).

〔82〕Wu Yanrui. Innovation and Economic growth in China: Evidence at the Provincial Level〔J〕. Journal of the Asia Pacific Economy, 2011, 16 (2): 129-142.

〔83〕Yukio Miyata. An Empirical Analysis of Innovative Activity of Universities in the United States〔J〕. Technovation, 2000 (20): 413-425.

〔84〕Yu M. M., Hsiao B. Measuring the Technology Gap and Logistics Performance of Individual Countries by Using a Meta-DEA-AR Model〔J〕. Maritime Policy & Management, 2016, 43 (1): 98-120.

中文参考文献

〔1〕曹威麟, 姚静静, 余玲玲, 刘志迎. 我国人才集聚与三次产业集聚关系研究〔J〕. 科研管理, 2015, 36 (12): 172-179.

〔2〕柴玮, 申万, 毛亚林. 基于 DEA 的我国资源型企业科技创新绩效评价

研究 [J]. 科研管理, 2015, 36 (10): 28-34.

[3] 陈昭, 林涛. 国际技术溢出、研发投入门槛与技术创新——基于中国高技术产业行业异质性的实证研究 [J]. 上海经济研究, 2018 (4): 118-128.

[4] 陈子韬, 孟凡蓉, 王焕. 科技人力资源对科技创新绩效的影响: 基于企业和高校机构的比较 [J]. 科学学与科学技术管理, 2017, 38 (9): 173-180.

[5] 池敏青, 李晗林. 福建省科研院所科技活动经费投入结构分析 [J]. 江苏科技信息, 2017 (30): 12-14, 21.

[6] 逯宇铎, 于娇. 高新技术产业发展研究 [M]. 北京: 经济科学出版社, 2013.

[7] 都阳. 低生育率时代的经济发展: 结构、效率与人力资本投资 [J]. 国际经济评论, 2015 (2): 7, 120-133.

[8] 范斐, 杜德斌, 李恒. 区域科技资源配置效率及比较优势分析 [J]. 科学学研究, 2012, 30 (8): 1198-1205.

[9] 郭兵, 袁菲, 谢智敏. 基于 DEA 方法的上海市财政科技投入绩效评价研究 [J]. 中国管理科学, 2012, 20 (S1): 32-35.

[10] 韩树全. 中国高校上市公司经营状况的分析 [J]. 科技广场, 2013 (7): 179-182.

[11] 韩晓明, 王金国, 石照耀. 基于主成分分析和熵值法的高校科技创新能力评价 [J]. 河海大学学报 (哲学社会科学版), 2015, 17 (2): 83-88, 92.

[12] 黄长兵. 创新驱动视角下高校科技创新能力评价研究 [J]. 科技创新与应用, 2017 (34): 30-32.

[13] 黄苹. R&D 投资结构增长效应及最优基础研究强度 [J]. 科研管理, 2013, 34 (8): 53-57.

[14] 霍国庆, 杨阳, 张古鹏. 新常态背景下中国区域创新驱动发展理论模型的构建研究 [J]. 科学学与科学技术管理, 2017, 38 (6): 77-93.

[15] 蒋殿春, 王晓娆. 中国 R&D 结构对生产率影响的比较分析 [J]. 南开经济研究, 2015 (2): 59-73.

[16] 蒋仁爱, 玄兆辉. 科技投入结构、改制对科技产出的影响研究——基于中国研究所大样本数据的分析 [J]. 科学学研究, 2017, 35 (2): 206-216.

[17] 解学梅, 戴智华, 刘丝雨. 高新技术企业科技研发投入与新产品创新绩效——基于面板数据的比较研究 [J]. 工业工程与管理, 2013, 18 (3): 92-96.

[18] 康志勇. 技术选择、投入强度与企业创新绩效研究 [J]. 科研管理,

2013，34（6）：42-49.

　　[19] 李飞，张静文，刘慧敏. 基于 ANP 的国防高校科技创新能力评价模型研究 [J]. 西北工业大学学报（社会科学版），2016，36（4）：69-74.

　　[20] 李红霞，李五四. 我国科技资源配置效率与空间差异分析——基于 SFA 模型的实证分析 [J]. 科学管理研究，2010，28（4）：35-40.

　　[21] 李俊霞，温小霓. 中国科技金融资源配置效率与影响因素关系研究 [J]. 中国软科学，2019（1）：164-174.

　　[22] 李露. 基于 ANP 法的科技企业创新绩效评价研究 [J]. 科学管理研究，2016，34（5）：69-72.

　　[23] 李平，王春晖. 政府科技资助对企业技术创新的非线性研究——基于中国 2001-2008 年省级面板数据的门槛回归分析 [J]. 中国软科学，2010（8）：138-147.

　　[24] 李世刚，尹恒. 政府——企业间人才配置与经济增长——基于中国地级市数据的经验研究 [J]. 经济研究，2017，52（4）：78-91.

　　[25] 李拓宇，李飞，陆国栋. 面向"中国制造 2025"的工程科技人才培养质量提升路径探析 [J]. 高等工程教育研究，2015（6）：17-23.

　　[26] 李炜，李子彪，康凯. 区域创新极培育能力综合评价研究 [J]. 技术经济与管理研究，2018（4）：49-53.

　　[27] 李喜先. 知识创新战略 [M]. 北京：科学出版社，2014.

　　[28] 李秀婷，刘凡，吴迪，董纪昌，高鹏. 基于投入产出模型的我国房地产业宏观经济效应分析 [J]. 系统工程理论与实践，2014，34（2）：323-336.

　　[29] 李媛. 中国政府科技投入效率及其影响因素研究 [J]. 西部金融，2017（10）：25-31.

　　[30] 梁莱歆，马如飞，田元飞. 科技经费投入结构与企业技术创新——基于我国大中型工业企业的实证研究 [J]. 科学管理研究，2009，27（4）：104-107.

　　[31] 林卓玲，李文辉，陈忠暖. 基础研究与产业结构协调发展对区域创新绩效的影响 [J]. 广东社会科学，2016（3）：26-35.

　　[32] 刘焕阳. 地方高校应用型人才培养改革的探索与实践 [M]. 济南：山东大学出版社，2012.

　　[33] 刘林，郭莉，李建波，丁三青. 高等教育和人才集聚投入对区域经济增长的共轭驱动研究——以江苏、浙江两省为例 [J]. 经济地理，2013，33（11）：15-20.

　　[34] 刘玲利. 对我国科技资源配置效率的测度 [J]. 统计与决策，2008

（14）：47-50.

［35］刘玲利. 中国科技资源配置效率变化及其影响因素分析：1998-2005年［J］. 科学学与科学技术管理，2008（7）：13-19.

［36］刘启雷，郭鹏，李苗，张洪英. 高校科研院所基础研究成果转化生态系统构建研究——基于西安市成果转化生态的分析［J］. 科学管理研究，2018，36（3）：24-27.

［37］刘伟，曹建国，郑林昌，吴荫芳. 基于主成分分析的中国高校科技创新能力评价［J］. 研究与发展管理，2010，22（6）：121-127.

［38］刘新姝. 科技人力资本投入与科技人员状况的灰色关联度研究［J］. 人力资源管理，2011（7）：92-93.

［39］龙海雯，施本植. "一带一路"视角下我国区域创新系统的演化与策略研究［J］. 科学管理研究，2016，34（1）：67-70.

［40］马文聪，侯羽，朱桂龙. 研发投入和人员激励对创新绩效的影响机制——基于新兴产业和传统产业的比较研究［J］. 科学学与科学技术管理，2013，34（3）：58-68.

［41］孟佳. 协同创新背景下高校创新型人才培养探究［M］. 北京：地质出版社，2017.

［42］孟卫东，王清. 区域创新体系科技资源配置效率影响因素实证分析［J］. 统计与决策，2013（4）：96-99.

［43］聂亚利. 中国财政科技投入现状与绩效评价指标体系研究［J］. 当代经济，2017（35）：156-157.

［44］欧阳钟灿，甘子钊等. 基础研究与战略性新兴产业发展［J］. 中国科学院院刊，2012，27（6）：697-701.

［45］潘娟，张玉喜. 政府、企业、金融机构科技金融投入的创新绩效［J］. 科学学研究，2018，36（5）：831-838，846.

［46］秦浩源，张金隆. 基于统计指标的地区科技经费投入特征分析［J］. 统计研究，2009，26（9）：92-95.

［47］任静，贺红，李彦锋，赵立雨. 政府科技经费投入与经济增长相关性的实证研究——西安市为例［J］. 技术与创新管理，2010，31（6）：714-717.

［48］桑伟泉，张小平. 基于灰色关联分析的科研机构科技创新能力评价研究［J］. 计算机与现代化，2014（11）：94-97.

［49］沈晓平，张红，潘锐焕，徐铭鸿，苗润莲. 京津冀区域科技资源投入产出效率研究［J］. 情报工程，2017，3（6）：81-89.

［50］盛明科，孟佳. 基于 DEA-Malmquist 模型的中国省域科技创新绩效评

价研究 [J]. 公共管理与政策评论，2018，7（2）：46-55.

[51] 施振佺，郭畅. 我国地方高校科技经费投入存在的问题及对策 [J]. 科技管理研究，2014，34（14）：78-81.

[52] 苏屹，安晓丽，王心焕，雷家骕. 人力资本投入对区域创新绩效的影响研究——基于知识产权保护制度门限回归 [J]. 科学学研究，2017，35（5）：771-781.

[53] 孙久文. 区域经济学 [M]. 北京：首都经济贸易大学出版社，2014.

[54] 孙绪华，陈诗波，程国强. 基于 Malmquist 指数的国有科技资源配置效率监测及其影响因素分析 [J]. 中国科技论坛，2011（3）：21-27.

[55] 孙颖，王婷. 基于三阶段 DEA 模型的福建省政府科技投入绩效研究 [J]. 科技和产业，2018，18（3）：70-74.

[56] 孙早，宋炜. 企业 R&D 投入对产业创新绩效的影响——来自中国制造业的经验证据 [J]. 数量经济技术经济研究，2012（4）：49-63.

[57] 谭瑾，罗正英，徐光伟. 基于 CCR、BCC 与 SE-DEA 模型的科技创新投入绩效评价研究 [J]. 科技与经济，2017，30（1）：36-40.

[58] 汤燕. 国际政治学中的"区域"概念重构分析及现实思考 [J]. 法制与社会，2018（4）：3-4.

[59] 陶长琪，齐亚伟. 信息产业成长促进区域产业结构升级的作用机制 [M]. 北京：经济管理出版社，2014.

[60] 陶长琪，周璇. 产业融合下的产业结构优化升级效应分析——基于信息产业与制造业耦联的实证研究 [J]. 产业经济研究，2015（3）：21-31.

[61] 田时中，曾伟，田家华. 安徽省财政科技支出动态绩效评价指标研究 [J]. 统计与决策，2016（7）：61-64.

[62] 田兴国，吕建秋，黄俊彦，程雄，叶李，蒋艳萍，孙雄松. 高校教师对创新型科技人才发展环境认知及改革意愿研究——基于全国 61 所高校的实证调查 [J]. 科技管理研究，2017，37（6）：106-111.

[63] 汪晓梦. "十二五"期间西南高校科技创新绩效评估与比较 [J]. 科学管理研究，2018，36（5）：66-69.

[64] 王爱文，张芳贤. 知识配置力与企业科技创新能力的实证研究 [J]. 中国商贸，2014（29）：166-167，171.

[65] 王虹，胡胜德. 基于 Tobit 模型的"一带一路"旅游产业效率投资影响因素及策略研究 [J]. 中国软科学，2017（12）：62-70.

[66] 王金国，张经强，王娇. 北京市属高校科技创新能力评价研究 [J]. 科技进步与对策，2017，34（20）：108-112.

［67］王庆金，王强，李姗姗. 高校科技创新投入产出效率评价研究——基于"政产学研金服用"视角［J］. 管理现代化，2018，38（5）：50-52.

［68］王征. 产业融合助力新兴产业发展研究——基于信息产业例证的分析［J］. 哈尔滨工业大学学报（社会科学版），2014，16（3）：101-105.

［69］温忠麟. 张雷，侯杰泰，刘红云. 中介效应检验程序及其应用［J］. 心理学报，2004（5）：614-620.

［70］吴家喜，李春景，邢小强. 领先市场导向的科技资源配置方式［J］. 中国科技论坛，2010（9）：11-15.

［71］仵凤清，盛肖，安金亮. 行业领域视角下北京市科技资源配置与优化分析［J］. 科技进步与对策，2012，29（5）：51-54.

［72］武建龙，王宏起，陶微微. 高校专利技术产业化路径选择研究［J］. 管理学报，2012，9（6）：884-889.

［73］熊曦，关忠诚，杨国梁，郑海军. 嵌套并联结构两阶段 DEA 下科技创新效率测度与分解［J］. 中国管理科学，2019，27（3）：206-216.

［74］熊义杰. 区域经济学［M］. 北京：对外经济贸易大学出版社，2011.

［75］徐银良，王慧艳. 中国省域科技创新驱动产业升级绩效评价研究［J］. 宏观经济研究，2018（8）：101-114，158.

［76］薛澜，汝鹏，舒全峰，韩菲. 中国科研人力资本补偿：问题、成因与对策［J］. 科学学研究，2014，32（9）：1347-1351，1430.

［77］严成樑，龚六堂. R&D 规模、R&D 结构与经济增长［J］. 南开经济研究，2013（2）：3-19.

［78］杨朝峰，贾小峰. 政府公共 R&D 影响经济增长的机制研究［J］. 中国软科学，2008（8）：37-42.

［79］杨传喜，王亚萌，徐顽强，张俊飚. 基于计算实验的农业科研机构科技资源配置结构效应研究［J］. 科技进步与对策，2016，33（22）：19-27.

［80］杨建飞，陈亚新. 陕西省财政科技投入绩效的分析与评价［J］. 金融经济，2019（2）：115-116.

［81］杨林，段牡钰，刘娟，徐臣午. 高管团队海外经验、研发投入强度与企业创新绩效［J］. 科研管理，2018，39（6）：9-21.

［82］杨志江，罗掌华. 我国科技经费投入与经济增长的协整分析［J］. 科学管理研究，2010，28（4）：98-101.

［83］叶文显. 西安市科技创新能力及其绩效评价［J］. 科技管理研究，2017，37（11）：86-91.

［84］曾玖琳. 高校上市公司产业结构分布特征研究［J］. 时代金融，2012

（21）：255-257.

[85] 张东波，方玺，邓浩，李浩，王进，马靖. 区域科技创新绩效评价体系的建模与实证 [J]. 长春工业大学学报，2018，39（5）：509-513.

[86] 张明龙. 我国金融支持科技创新的效率评价——基于超效率 DEA 与 Malmquist 指数方法 [J]. 金融发展研究，2015（6）：18-24.

[87] 张明喜. 再论财政科技经费投入方式创新 [J]. 科学管理研究，2016，34（5）：81-84，110.

[88] 张先恩，刘云，周程，方在庆，向桂林. 基础研究内涵及投入统计的国际比较 [J]. 中国软科学，2017（5）：131-138.

[89] 张雅，尤宏兵. FDI 企业对我国私营企业科技创新能力的影响研究 [J]. 工业技术经济，2014，33（9）：96-104.

[90] 张永安，郄海拓，颜斌斌. 基于两阶段 DEA 模型的区域创新投入产出评价及科技创新政策绩效提升路径研究——基于科技创新政策情报的分析 [J]. 情报杂志，2018，37（1）：198-207.

[91] 赵当如，陈为. 绿色视角下的我国区域财政科技投入绩效评价及其空间收敛性研究 [J]. 海南金融，2018（2）：4-16.

[92] 周伟，韩家勤. 区域科技资源配置的影响因素分析——基于结构方程模型的实证研究 [J]. 情报杂志，2012，31（1）：185-189.

[93] 朱金龙，朱卫未，宋福明. 基于 PCA-SEDEA 的高校协同创新中心科研效率分析与评价——以江苏高校行业产业类协同创新中心为例 [J]. 科技管理研究，2018，38（24）：65-72.

附录 高校科研经费投入使用现状调查问卷

尊敬的老师：

您好！非常感谢您在百忙之中填写此问卷！问卷主要目的是了解陕西省高校科研经费投入使用现状及存在的问题。本问卷用于本人研究生毕业论文研究，不会用于商业用途。您的任何信息也将被保密，绝不透露给其他人。再次感谢您！

第一部分 对受访人基本情况的调查

1. 您的专业技术职称？　　　　　　　　　　　　　　　　　　（　　　）

A. 正高职称　　　　B. 副高职称　　　　C. 中级职称　　　　D. 无职称

2. 您所属的学科领域？　　　　　　　　　　　　　　　　　　（　　　）

A. 理　　　　　　　B. 工　　　　　　　C. 农　　　　　　　D. 医

E. 交叉学科　　　　F. 人文与社会科学

3. 您从事哪方面的工作？（可多选）　　　　　　　　　　　　（　　　）

A. 单位负责人　　　B. 科研管理　　　　C. 财务管理　　　　D. 项目负责人

E. 项目参与者　　　F. 行政管理　　　　G. 审计　　　　　　H. 其他

4. 您近几年所承担的科研项目级别是（可多选）　　　　　　　（　　　）

A. 国家级　　　　　B. 省部级　　　　　C. 厅局级　　　　　D. 其他

第二部分 对项目经费使用情况的调查

1. 您认为我国目前科研经费管理属于刚性还是柔性？　　　　　（　　　）

A. 偏刚性　　　　　B. 偏柔性　　　　　C. 刚柔并济

2. 如果您认为是偏刚性，在哪些地方存在刚性？（可多选）　　（　　　）

A. 行政管理条例较多

B. 行政干预较强

C. 管理中灵活性较差

3. 您认为哪种情况最影响您的工作积极性？（可多选）　　　　（　　　）

A. 不合理的管理机制　　　　　　　B. 对收入福利待遇不满意

C. 对本职工作不满意或没兴趣　　　D. 主观上不想太累

E. 家庭负担重   F. 人文环境不和谐

G. 其他

4. 您认为高校科研产出成果的转化率如何？   （　　）

A. 很高   B. 一般   C. 较低

5. 您在开展课题研究时是否会积极促进科研成果向市场的转化？（　　）

A. 非常积极   B. 比较积极   C. 一般   D. 不积极

6. 贵单位是否能够独立实现科研成果的市场转化？（单选）（　　）

A. 有很强的转化能力

B. 在有相关管理知识的人提供简单帮助的情况下具备有一定的转化能力

C. 不具备独立转化的能力，必须要有专门人员的大力支持

D. 没有转化能力，也没有意愿去促进科研成果的转化

7. 您认为目前在科研项目及经费管理方面存在哪些问题？（请打√）

序号	现象	非常严重	比较严重	严重	不太清楚	不严重
1	科研经费制度设计不足，责任方监管不到位					
2	科研资助体系中内部人控制现象严重，"公开、公平、公正"原则执行困难					
3	有意夸大科研经费的预算金额，尽可能多要钱					
4	科研经费使用中包含一些与课题研究无关的支出					
5	重复购置科研资产，造成流失浪费					
6	用各种票据尽快把科研经费套现					
7	随意外拨科研经费，存在经费流失的漏洞					
8	超额发放咨询费或劳务费					
9	不能按照批准的项目预算开支经费					
10	经费入账及报销不及时，影响课题研究进度					
11	科研经费入账、报销及结题等程序过于繁杂					
12	经费管理制度僵化，缺乏灵活性导致正常支出报销困难					
13	多头管理、层层提取导致科研经费缩水					
14	没有独立的费用管理体制，对经费管理不重视					
15	经费使用缺乏有效的监督管理评审机制					
16	科研项目财务验收不够严格					
17	项目负责人没有定期接受培训					
18	您关注的其他现象：					

后 记

本书是在我所指导的研究生张丹学位论文基础上修改、完善和丰富而成的，在此要感谢课题组团队成员张丹、娄俊婷、苗思佳、杨可、王佳、孙钰和刘倩文等，他们为修改本书付出了很多的时间和心血，收集和消化了大量的参考资料。张丹同学学习刻苦，具有良好的科学素养，在论文撰写过程中能够持之以恒。娄俊婷和苗思佳等同学在学习过程中团结互助，具有较强的团队合作精神，他们为收集资料和修改、完善工作付出了很多精力，娄俊婷、苗思佳和杨可主要修改了第一章至第四章，并对全文进行了统稿工作，王佳、孙钰和刘倩文等主要修改了第五章至第六章。本书的完成与他们每个人的付出息息相关，非常感谢每一位同学的辛勤付出。感谢经济管理出版社王光艳及其他编辑，从语法到标点符号等方面都进行了认真、详细的修改，敬业的工作态度值得我们学习，非常感谢他们的付出。同时还要感谢提供相关参考资料的所有作者，他们为本书的完成提供了非常有价值的研究成果！

最后要感谢我年迈的父母，感谢我的妻子陈娟女士对我学术的支持，要感谢赵嘉程、赵嘉旭给我的陪伴和鼓舞！他（她）们都是我不断前进的精神动力。谨以此专著作为向同学、同事、朋友、亲人的献礼！

2020 年 4 月于西安理工大学